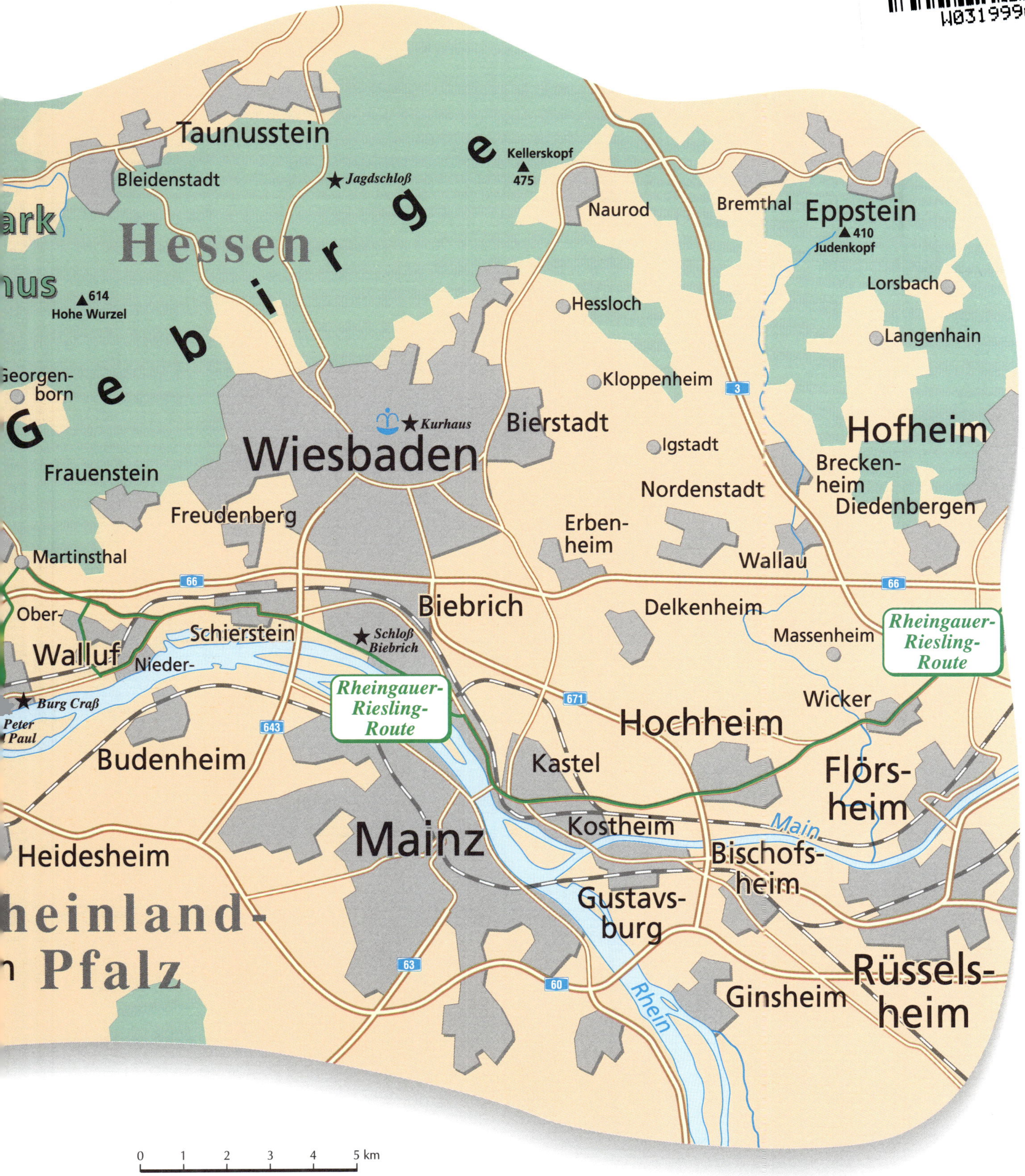

© KARTOGRAPHIE Peh/Schefcik Eppelheim

DER RHEINGAU

Des Stromes goldene Mitte

Der Rheingau

DES STROMES GOLDENE MITTE

Fotos von Kurt L. Mayer
Text von Oliver Bock

SOCIETÄTSVERLAG

Abbildung Schutzumschlag: «Der Johannisberg herrscht über alles», bemerkte Goethe bei seiner Rheinreise.

Frontispiz: Burgen und Schlösser, Reben und Rhein geben dem Rheingau sein Gesicht.

Die Fotos auf Seite 42 stammen von Heinz-Werner Schawe.

Die Fotos auf Seite 82 stammen von Cordula Tippkötter.

Die Deutsche Bibliothek – CIP-Einheitsaufnahmen

Der **Rheingau** : Des Stromes goldene Mitte / Fotos von Kurt L. Mayer.
Text von Oliver Bock. – Frankfurt am Main : Societäts-Verlag, 1999
ISBN 3-7973-0722-5

Gestaltung und Satz: Lohse Design, Büttelborn
Karte: Kartographie Peh/Schefcik, Eppelheim
Lithographien: Blöink Reprotechnik, Darmstadt
Druck und Verarbeitung: freiburger graphische betriebe
Printed in Germany 1999
ISBN 3-7973-0722-5

Inhalt

Wo der Rhein nach Westen fließt

Auf dem mehr als 1000 Kilometer langen Weg von Basel an die Nordsee weicht der Rhein von seinem steten Kurs nach Norden nur einmal ab. Zwischen Mainz und Wiesbaden wendet er sich für 35 Kilometer gen Südwesten, bevor er hinter Rüdesheim wieder seine ursprüngliche Richtung einschlägt. Diese Laune des Stromes beschert den rechtsrheinischen Hügeln eine sonnige Südwestlage. Ideale Bedingungen, die schon die Römer genutzt haben, um hier Wein anzubauen. Der Rheingau, der im Osten bei Hochheim und Wiesbaden beginnt und an der hessisch-rheinland-pfälzischen Landesgrenze bei Lorchhausen in das Mittelrheintal übergeht, ist wie kaum eine andere deutsche Kulturlandschaft durch die Lage am Strom und den Weinbau geprägt worden. Über die ersten Siedler in diesem klimatisch so günstig gelegenen Landstrich ist wenig bekannt, und nur wenige Zeugnisse jener Zeit sind erhalten geblieben.

Eine dagegen heute noch gut nachvollziehbare Zäsur in der Geschichte der Region bringt die nördliche Erweiterung des römischen Reiches unter Julius Cäsar: der Bau der Grenzbefestigung, des Limes, und verschiedener Brückenköpfe zu seiner Absicherung. Der Limes trennte den Rheingau vom übrigen Germanien und machte ihn zum Teil des Römischen Imperiums. Die Legionäre brachten nicht nur ihre Kultur und Lebensweise mit in den Norden, sondern auch das Wissen um den Weinbau, den sie nach Kräften betrieben.

Die Endungen der Ortsnamen Rüdesheim, Geisenheim, Mittelheim und Hochheim geben Hinweise auf ihre Gründungsgeschichte unter fränkischer Herrschaft über den Rhein-Gau, der anno 772 erstmals urkundlich genannt wird. Seit 779 sind Schenkungen von Weinbergen aus Rheingauer Dörfern an Klöster wie Lorsch und Fulda belegt. Walluf gibt solch eine Urkunde das Recht, sich die älteste Weinbaugemeinde im Rheingau zu nennen.

Im Jahr 983 begann für den Rheingau das Leben unter dem «Krummstab»: Kaiser Otto II. machte den Rheingau auf dem Reichstag von Verona dem Mainzer Erzbischof Willigis zum Geschenk. Damit waren die Grundlagen gelegt für die bischöfliche Landeshoheit über den Rheingau, die uneingeschränkt bis zum Ende durch die Säkularisation im Jahr 1803 dauerte.

Seinen Aufschwung erfuhr der Rheingau vor allem durch die Gründung von einem Dutzend Klöstern, von denen sich einige zu wirtschaftlichen Zentren mit großem Landbesitz entwickelten. Das älteste, die Benediktinerabtei Johannisberg, wurde um das Jahr 1106 auf der damals noch Bischofsberg genannten Erhebung oberhalb von Geisenheim gegründet. Dreißig Jahre später legte Bernhard von Clairvaux in einem stillen Seitental über Erbach den Grundstein für einen mittelalterlichen Wirtschaftskonzern: Kloster Eberbach mit seinen Zisterziensern gab dem Weinbau in der Region Impulse,

Die Römer brachten den Weinbau an Rhein und Main.

The Romans brought the art of wine-growing to the Rhine and Main.

Ce sont les Romains qui ont introduit la viticulture dans la région du Rhin et du Main.

forcierte den Anbau von Weißwein und knüpfte Handelsbeziehungen zu weit entfernten Städten.

Vom 11. bis zum 13. Jahrhundert erfuhr der Weinbau große Verbreitung. Und mit den Klöstern und dem Bau bischöflicher Residenzen kamen die Adeligen, die im Mittelalter ihre lange verteidigte Leitrolle für das Weinbaugebiet begründeten: Namen wie Langwerth von Simmern, Greiffenclau und Schönborn stehen für diese adelige Tradition im Weinbau. Ihre Führungsrolle unter den Rheingauer Weinerzeugern wurde ihnen erst in diesem Jahrhundert von bürgerlichen Winzern streitig gemacht.

Ein natürliches Bollwerk

Die Entwicklung im Rheingau verlief nicht geradlinig. Vor allem die Wirren des Dreißigjährigen Krieges brachten große Schäden und menschliches Leid, im Jahr 1666 brach die Pest aus. Gegen die schwedische Armee und gegen den «schwarzen Tod» hatte auch das «Gebück» keinen Schutz mehr geboten. Zur Verteidigung des Kurmainzer Rheingaus gegen Übergriffe aus dem Taunus, wie durch die Grafen von Katzenelnbogen, war wohl vom 12. Jahrhundert an zwischen Niederwalluf, den Taunushöhen und dem Wispertal dieser natürliche Schutzwall angelegt worden. Er ergänzte die Abschirmung des Rheingaus durch den Rhein im Süden und den Hinterlandswald im Nordwesten. Das «Gebück» war ein bis zu 50 Meter breiter und rund 40 Kilometer langer Verhau. Vornehmlich Hainbuchen wurden in wenigen Metern Höhe gekappt und die neu ausschlagenden

Oberhalb der Weingärten beginnt das waldreiche Rheingaugebirge.

The wooded Rheingau hills begin above the vineyards.

Au-dessus des vignobles, les coteaux sont couverts par les vastes forêts du massif du Rheingau.

Triebe und Zweige zur Erde gebogen (»gebückt») und mit anderen Zweigen verflochten. Dazwischen wurden dornige Sträucher gepflanzt, so daß eine undurchdringliche Hecke entstand. An den wenigen Durchlässen wurden im 15. Jahrhundert befestigte Bollwerke, sogenannte Schanzen, errichtet. Wer eigenmächtig einen Pfad durch das Gebück schlug und damit die Sicherheit der Rheingauer Bürger bedrohte, hatte mit empfindlichen Strafen zu rechnen. Erhalt und Verteidigung des Gebücks wurde den Rheingauer Dörfern übertragen, die jeweils für einen bestimmten Abschnitt verantwortlich waren.

Der undurchdringbar erscheinende Wall erfüllte seine Funktion, bis er mit dem Aufkommen der Feuerwaffen an Bedeutung verlor. Gleich zweimal, in den Jahren 1461 und 1462, versuchte Erzbischof Diether von Isenburg im Zuge der Mainzer Stiftsfehde den Rheingau zu erobern. Vergeblich. 1631 aber nahmen die Schweden unter König Gustav Adolf den Rheingau ein. Zwar wurde die Befestigung nach ihrem Abzug noch zweimal erneuert, doch ihre frühere Bedeutung erlangte sie nicht mehr. In der zweiten Hälfte des 18. Jahrhunderts wurde der Wall schließlich zum Abbau freigegeben, das Holz der Gebückbäume kam in die Köhlereien, die Steine der Bollwerke wurden zum Straßenbau verwendet.

Die Ruine der 1494 errichteten «Mapper Schanze» oberhalb von Oestrich-Winkel ist heute das einzige erhaltene Bollwerk dieser Rheingauer Landwehr. Unmittelbar angrenzend hat das Eltviller Forstamt im Auftrag des Rheingau-Taunus-Kreises und in Kooperation mit der Stadt Oestrich-Winkel und dem Naturpark Rhein-Taunus das «Gebück» rekonstruiert und eine Gedenktafel angebracht. Die ursprünglichen, urigen und verkrüppelten Gebückbäume findet man nur noch an wenigen Stellen des waldreichen Rheingau-Taunus-Kreises.

Naherholungs- und Weinregion

Einen Einschnitt auch für den Rheingau brachte die Säkularisation zu Beginn des 19. Jahrhunderts. Nach der Auflösung der Erzstiftes Mainz im Jahre 1803 kam der Rheingau unter nassauische, später unter preußische Herrschaft. Von 1867 bis 1976 war der Rheingau selbständiger Landkreis, seit 1977 besteht er aus sieben Kommunen: Walluf, Eltville, Kiedrich, Oestrich-Winkel, Geisenheim, Rüdesheim und Lorch.

Damals stand die Gebietsreform auf der politischen Tagesordnung, und nach allerlei Wirren und gegen mancherlei Widerstände wurde am 1. Januar 1977 der heute 65.000 Einwohner zählende Rheingau über das «Gebück» hinweg mit dem bevölkerungsstärkeren Untertaunus zum Rheingau-Taunus-Kreis vereint. Die Kurstadt Bad Schwalbach stieg zum Ärger der Rheingauer zur gemeinsamen Kreisstadt auf, aber zäh und erfolgreich verteidigten sie ein ihnen wichtiges Symbol: «RÜD» für das weltbekannte Rüdesheim wurde zum Autokennzeichen des Rheingau-Taunus-Kreises und nicht das weit weniger bekannte «SWA» der neuen gemeinsamen Kreisstadt. Auch wenn das «Gebück» in den Köpfen vieler Bürger noch unüberwindlich scheint, wächst der künstlich zusammen gefügte Landkreis allmählich zusammen. Der waldreiche Taunus mit seinem ausgedehnten Wanderwegenetz und der weinselige Rheingau bieten in ihrer ungewöhnlichen Kombination einen werbewirksamen «Zauber der Kontraste». Nicht umsonst gilt der Rheingau-Taunus, der im drittgrößten hessischen Naturpark «Rhein-Taunus» liegt, auch als «Ziergarten der Rhein-Main-Region», in dem es sich ausgelassen feiern und beschaulich entspannen läßt. Dazu trägt vor allem das milde Klima bei, das selbst Kastanien, Mandeln und Feigen gedeihen läßt.

Die jährliche Durchschnittstemperatur beträgt 10,3 Grad, in der Vegetationszeit 15 Grad. Insgesamt 1650 Stunden scheint die Sonne im Jahr, 550 Millimeter Regen fallen je Quadratmeter; und dieser Niederschlag wird gebraucht, um die Rebstöcke ausreichend mit Wasser zu versorgen. Mit nur rund 3200 Hektar bestockter Rebfläche gehört der Rheingau zu den kleinen, aber feinen deutschen Weinbaugebieten. Die zu zehn Großlagen zusammengefaßten 119 Einzellagen werden von knapp 1500 Winzern bewirtschaftet, rund die Hälfte ist in den sieben verbliebenen Winzergenossenschaften organisiert, die aber nur noch einen Anteil von 13 Prozent an der jährlichen Weinproduktion haben. Typisch für den Rheingau sind die vielen Familienbetriebe, die ihre Weine flaschenweise direkt an die Endverbraucher absetzen oder in einer der mehr als 100 Straußwirtschaften und Gutsschänken ausschenken.

Nach wie vor wird der Rheingau von der edelsten Weißweinsorte, dem Riesling, dominiert. Mehr als 80 Prozent der Rebfläche sind mit dieser Rebsorte bestockt. Eine «Rotweininsel» bilden die Schiefer-Steilhänge bei Rüdesheim-Assmannshausen. Dort wachsen Spätburgundertrauben, aus denen in guten Jahren ein Rotwein gekeltert wird, der zu den besten in Deutschland zählt.

Riesling dominiert das Weinland Rheingau.

Riesling dominates the Rheingau wine region.

Le riesling est le cépage qui prédomine dans le Rheingau viticole.

Nur im tiefen Winter ruht die Arbeit im Weinberg.

Work in the vineyard only stops in the deep winter.

Seules les rigueurs de l'hiver interrompent les travaux dans les vignobles.

RHEINGAU-INFORMATIONEN IN KÜRZE

Rheingau-Taunus-Information,
An der Basilika 11a, Oestrich-Winkel,
Tel. 0180/2251202, Fax 06723/995555,
Internet: www.rheingau-taunus.de
Verband der Prädikatsweingüter
im Rheingau, Tel. 06123/676812,
Internet: www.vdp.de
www.vdp-rheingau.de
Bundesverband Ökologischer Weinbau
im Rheingau, Tel. 06123/5471,
Internet: www.ecovin.de
Rheingauer Weinbauverband,
Tel. 06723/91757, Fax 06723/91791,
Internet: www.deutscheweine.de

REGIONALE FESTE UND VERANSTALTUNGEN

- Glorreiche Rheingau Tage, Zweite Novemberwoche (Information Tel. 06722/1027)
- Rheingau Gourmet Festival, im Frühjahr (Information Tel. 06722/4030)
- Rheingauer Schlemmerwochen im Mai, Tage der offenen Weinkeller im Herbst (Information Tel. 06723/91757)
- Rheingau Musik Festival, mehr als 100 Konzerte von Juli bis September (Info Tel. 06723/9177-0)
- «Rhein in Flammen», jeden dritten Samstag im September im Tal der Loreley
- «Rhein im Feuerzauber», erster Samstag im Juli
- «Tal total», (autofreier Sonntag an der B9/B42, letzter Sonntag im Juni)
- Wiesbadener Weinfest, Anfang August
- Rheingauer Weinmarkt in der Frankfurter Freßgass', Ende August
- Landesweinprämierung mit Verkostung, Anfang November im Kloster Eberbach
- Erntedankfest der Rheingauer Winzer im Kloster Eberbach, erster Sonntag im Dezember

TIPS

Mehr als 100 Straußwirtschaften und Gutsschänken, zahlreiche Weinprobierstände am Rheinufer. Durch den Rheingau führen für Autofahrer (70 Kilometer), Radfahrer (62 Kilometer) und Fußgänger (120 Kilometer) getrennte Rheingauer Riesling Routen und Pfade, Schiffahrten auf dem Rhein, Weinproben, Weinseminare und Weinwanderungen, Frühjahrs- und Herbst-Weinversteigerungen im Kloster Eberbach, Wanderung zur «Mapper Schanze» und der Rekonstruktion des Rheingauer «Gebücks», Fährverbindungen in Walluf (nur Fahrräder), Oestrich-Winkel, Rüdesheim und Lorch.

WEINLAND RHEINGAU

Etwa 3200 Hektar Rebfläche, 119 Einzellagen, zusammenfaßt zu zehn Rheingauer Großlagen: Burgweg, Steil, Erntebringer, Gottesthal, Deutelsberg, Honigberg, Mehrhölzchen, Heiligenstock, Steinmächer, Daubhaus. Knapp 1500 Güter und Winzerfamilien, sieben Winzergenossenschaften. Angebaut wird zu mehr als 80 Prozent Riesling, zu mehr als zehn Prozent Spätburgunder und in unbedeutendem Maße Müller-Thurgau, Silvaner, Dornfelder und andere Sorten.

REGION RHEINGAU

7 Kommunen mit 24 Ortsteilen und 65.000 Einwohnern: Lorch, Rüdesheim, Geisenheim, Oestrich-Winkel, Eltville, Kiedrich, Walluf. Der Rheingau ist Teil des Rheingau-Taunus-Kreises, Kreisstadt ist Bad Schwalbach. Im benachbarten Main-Taunus-Kreis liegen die Weinorte Hochheim und Flörsheim-Wicker, zahlreiche Weinberge gibt es auch in der Gemarkung der Landeshauptstadt Wiesbaden.

Der Verlauf der Weinblüte entscheidet über die Güte des Jahrgangs.

How the vines grow determines the quality of the vintage.

Le déroulement de la floraison le long du Rhin est déterminant pour la qualité du millésime.

Zur Weinlese kommen Erntehelfer aus Polen.

Grape pickers from Poland come for the wine harvest.

Pour les vendanges, on fait appel à des journaliers polonais.

Im Frühjahr leuchten die gelben Rapsfelder.

Yellow fields of oilseed rape glisten in spring.

Au printemps, les champs de colza déroulent leur tapis d'un jaune éblouissant.

Eines der idyllischen Rheingauer Seitentäler bei Martinsthal.

An idyllic Rheingau valley near Martinsthal.

L'une des idylliques vallées transversales du Rheingau, près de Martinsthal.

Buchenwald bei Geisenheim.

Beech forest near Geisenheim.

Forêt de hêtres près de Geisenheim.

Lorch

FREISTAAT, RITTERSITZ UND HANDELSPLATZ

Lorch hebt nicht nur seine abgeschiedene Lage im westlichsten Zipfel Hessens unter den übrigen Rheingauer Kommunen hervor, sondern eine kuriose Episode der Stadtgeschichte: Nach dem Ende des Ersten Weltkrieges blieben Lorch und die rheinland-pfälzische Nachbarstadt Kaub fünf Jahre unbesetzt, weil Franzosen und Amerikaner um ihre jeweiligen Brückenköpfe zwei 30 Kilometer große Halbkreise gezogen hatten, die einen flaschenförmigen Landstrich nicht erfaßten. Ungewollt war der «Freistaat Flaschenhals» entstanden, von der Außenwelt isoliert, mit nur 8500 Einwohnern, aber einer eigenen Währung. Die behielt ihre Gültigkeit bis 1923, als die Franzosen dem an der engsten Stelle nur einen Kilometer schmalen «Staat» durch ihren Einmarsch ein Ende setzten.

Einige Winzer und Gastronomen setzen inwischen auf eine absatzfördernde Wiederbelebung des «Freistaats Flaschenhals». Restaurants mit diesem Wappen bieten regionale Spezialitäten an und die Weingüter ansprechende Weine mit einem eigens gestalteten «Freistaat»-Etikett.

Lorch zählt weniger als 5000 Einwohner und ist ein schmuckes Städtchen mit einer langen Tradition. Seine Gründung läßt sich auf einen militärischen Stützpunkt der Römer am Weg von Bingen zum Grenzwall Limes zurückführen. Das älteste Zeugnis der Stadt ist eine Urkunde aus dem Jahre 1085, mit der eine Schenkung Lorcher Weinberge an das Mainzer Domkapitel bezeugt wird, doch die Anfänge des Weinbaus liegen wohl in der karolingischen Zeit. Der Ortsname ist vermutlich kelto-romanischen Ursprungs und weist auf eine frühe Besiedlung der Wispermündung hin. Unter der Herrschaft der Mainzer Bischöfe wurde der Marktflecken zu einem Bollwerk an der Grenze zur Kurpfalz ausgebaut und stark befestigt. Teile der Mauern, Reste der Türme und Befestigungen sind noch erhalten.

Hinter starken Wällen und im Schutze der nahen Burgen erlebte Lorch im Mittelalter seine Blüte: Die Stadt wurde zum geschäftigen Umschlagplatz für die rheinab- und rheinaufwärts fahrenden Schiffe; denn die Untiefe im Rhein, das «Binger Loch», hinter dem der Rhein flußabwärts wieder gen Norden schwenkt, ließ den Schiffsverkehr rheinaufwärts bei Lorch enden. Die Waren mußten von den großen Schiffen entladen und mit Karren über den alten Kaufmannsweg nach Rüdesheim transportiert und dort wieder eingeschifft, oder aber auf dem Landweg weiterbefördert werden.

Für die umfangreichen Verladearbeiten wurden Ende des 14. Jahrhunderts zwei bewegliche Schwimmkräne eingesetzt, die später feste Standorte erhielten. Doch die wirtschaftliche Blüte währte nicht lange. Schon um das Jahr 1400 war der Verkehr auf dem Fluß mit so hohen Zöllen belastet, daß immer mehr Händler zwischen Köln und Mainz den beschwerlicheren, aber billigeren Weg an Land für den Warentransport wählten.

«Johannes der Täufer» aus dem Lorcher Heimatmuseum.

«John the Baptist» from Lorch's local history museum.

Le tableau de «Saint Jean-Baptiste» du Musée régional de Lorch.

Lorch war jahrhundertelang ein wichtiger Handelsplatz am Rhein.

Lorch was an important trading centre on the Rhine for many centuries.

Pendant des siècles, Lorch a été une importante place de commerce sur les bords du Rhin.

Wechselvolles Geschick

Eindrucksvolle Fachwerkhäuser in der Ortsmitte.

Impressive half-timbered houses in the town centre.

Le centre ville regorge de magnifiques maisons à colombage.

Lange waren Tuchweber und Färber die wichtigste Berufsgruppe im Ort. Bis zu 300 Familien sollen laut Lorcher Chronik zeitweise von diesem Gewerbe gelebt und ihre Waren in ganz Europa feilgeboten haben. Allmählich aber gewann der Weinbau an Bedeutung; 1274 war der erste Weinmarkt genehmigt worden.

Wegen ihrer großen wirtschaftlichen Bedeutung als Umschlag- und Handelsplatz unterhielten dort im Mittelalter zahlreiche Klöster und Stifte eigene Höfe, Lorch war zugleich Sitz vieler Adelsfamilien. Als bedeutendster Rittersitz gilt das Hilchenhaus. Das aus massiven Bruchsteinwerk erbaute Stammhaus der Ritter von Hilchen ist heute eine Gaststätte mit Gutsausschank des Weingutes Graf von Kanitz, das in besten Lorcher Lagen auf kontrolliert-ökologische Weise Wein anbaut. Begonnen wurde mit dem Bau dieses bedeutenden Renaissancegebäudes im Jahre 1546. Erst 1926 kam es in den Besitz der Grafen von Kanitz, die damals schon Eigentümer des benachbarten Zehnthofes waren.

Der Dreißigjährige Krieg brachte Lorch wie den anderen Rheingauer Orten und Dörfern schwere Verwüstungen und Plünderungen, im Jahr 1634 raubten die schwedischen Soldaten allen Wein aus der Stadt und zerstörten die Nachen am Rheinufer. 1630 zerstörte die französische Armee weite Teile von Lorch und Lorchhausen, 1636 litten die Bürger unter einer Hungersnot. 1666 brach die Pest aus und kostete 434 Einwohnern das Leben, im Pfälzischen Krieg 1688 bis 1690 kam es zu Plünderungen und Brandschatzungen.

Mit der Schiffbarmachung des «Binger Lochs» durch die Sprengung der Felsen im Fluß verlor Lorch seine Stellung als Handelsplatz. Einzige bedeutende Erwerbsquelle blieb neben den Erträgen aus dem stattlichen Waldbesitz der Weinbau und später der Fremdenverkehr. Völlig erholt hat sich Lorch von diesen Schicksalsschlägen jedoch nicht mehr. 1803 kam Lorch wie der übrige Rheingau zunächst unter nassauische, 1866 unter preussische, nach 1945 unter hessische Verwaltung. Der Zweite Weltkrieg brachte Lorch wiederum große Schäden, eine Häuserzeile in der Rheinstraße brannte völlig nieder.

Hoffnungen auf einen Aufschwung gab es im Jahre 1965: Lorch wurde Garnisonsstadt der Bundeswehr, doch mit dem Ende der Ost-West-Spannungen entfiel die Notwendigkeit der Stationierung. 1993 löste die Bundeswehr ihre Garnison wieder auf. Mit den Soldaten zogen zugleich auch kaufkräftige Bürger aus der strukturschwachen Region ab. Zurück blieb ein nur schwer vermarktbares Kasernengelände; inzwischen ist dort ein kleines Gewerbegebiet entstanden.

Das «Hilchenhaus» prägt das Lorcher Ortsbild.

The «Hilchenhaus» is one of Lorch's major landmarks.

La «Hilchenhaus», une maison caractéristique de Lorch.

Riesling kann lange gelagert werden.

Riesling can be kept for a long time.

Le riesling se prête bien pour les vins de garde.

Hier hat das Weingut «Graf von Kanitz» seine Heimat.

This is the home of the «Graf von Kanitz» Vineyard.

C'est ici qu'a son siège le domaine «Graf von Kanitz».

In den vergangenen Jahrzehnten mühten sich Stadtväter, Winzer und Gastronomen nicht ohne Erfolg, dem Fremdenverkehr neue Impulse zu geben, unter anderem mit der Rückbesinnung auf den schon erwähnten «Freistaat Flaschenhals». Hoffnungen auf eine Belebung des Tourismus setzt Lorch überdies auf Bestrebungen, das gesamte Mittelrheintal zwischen Koblenz und Rüdesheim als Weltkulturerbe im Sinne der UNESCO anerkennen zu lassen. Damit verbunden wäre ein nachhaltiges Entwicklungskonzept für die Region und, so die Erwartung in Lorch, auch die Ankurbelung des Fremdenverkehrs.

Neben der Burgruine Nollig über dem idyllischen Wispertal und dem mächtigen Hilchenhaus zählt die St. Martins-Kirche zu den eindrucksvollsten Bauten der Stadt. Die Kirche beherbergt einen sehenswerten, 14 Meter hohen und mehr als 7 Meter breiten Schnitzaltar, der nach neueren Erkenntnissen der Heimatforscher von dem Wormser Künstler Hans Bilger zwischen 1475 und 1483 gefertigt worden und der größte seiner Art in Deutschland sein soll. Seit der Gebietsreform 1977 gehören zur Stadt auch die in den Höhen des waldreichen Rheingaugebirges gelegenen Dörfer Ransel, Wollmerschied und der staatlich anerkannte Luftkurort Espenschied.

Schon sechs Jahre zuvor, 1971, schlossen sich Lorch und Lorchhausen freiwillig zusammen. Für Lorchhausen, die westliche Pforte des Rheingaus, war es eine Rückkehr, denn der direkt an der hessisch-rheinland-pfälzischen Landesgrenze gelegene Ort gehörte schon um 1350 als befestigter Vorposten zu Lorch. Erst 1773 waren die Gemarkungen getrennt worden, Reste der Wehranlagen sind in Lorchhausen bis heute erhalten geblieben. In Lorch mündet auch die Wisper in den Rhein. Der Bach, der einst fünf Mühlen angetrieben hat, ist Heimat der bekannten Wisperforelle, die im eisenhaltigen Wasser gut gedeiht und von den Ausflugslokalen entlang der Wisperstraße als Spezialität fangfrisch angeboten wird.

STADT LORCH

65391 Lorch, 4600 Einwohner, vier Ortsteile: Lorchhausen, Espenschied, Wollmerschied, Ransel

SEHENSWERT

- Kultur- und Heimatmuseum Lorch, im Rathaus, geöffnet von April bis Oktober samstags und sonntags von 15 bis 17 Uhr, Führungen auf Anfrage, Tel. 06726/528,
- Hilchenhaus (Gaststätte),
- Pfarrkirche St. Martin mit Schnitzaltar, Tel. 06726/9479,
- Burgruine Nollig

FESTE UND MÄRKTE

- Hilchenfest am dritten Wochenende im Juni, Altstadt
- «Tal total», autofreie B 42 am letzten Sonntag im Juni
- Lorcher Kulturtage, Ende September bis Anfang Oktober
- Weihnachtsmarkt am Samstag vor dem ersten Advent

TIPS

Die romantische Wisperstraße (Bundesstraße 260) führt an einigen Ausflugslokalen vorbei durch das idyllische Wispertal bis in die Kur- und Kreisstadt Bad Schwalbach, von dort ein Abstecher in den Kurort Schlangenbad
Ausflugsfahrten mit dem Schiff auf dem Rhein
Fährverbindung über den Rhein zur linksrheinischen Bundesstraße 9

BESTE WEINBERGSLAGEN

Lorcher Bodenthal-Steinberg, Krone, Kapellenberg

INFORMATIONEN

Städtisches Verkehrsamt Lorch, Rathaus, Tel.06726/1815 und 502, Fax 06726/1844
Rheingau-Taunus-Information, Tel. 0180/2251202
Verkehrs- und Heimatverein Espenschied, Tel. 06775/1636
Internet: www.rheingau-taunus.de

Die Forellen aus der Wisper sind eine Spezialität.

Trout from the Wisper are a speciality.

Les truites de la Wisper sont une spécialité locale.

Landschaftliche Idylle abseits der Besucherströme.

Rural idyll away from the floods of visitors.

Petit coin idyllique encore inconnu des touristes.

Die «Hl.-Kreuzkapelle» im Wispertal.

Hl.-Kreuzkapelle in the Wisper valley.

La «chapelle de la Sainte Croix» dans la vallée de la Wisper.

Das Wispertal lädt zur stillen Erholung ein.

The Wisper valley is made for quiet recreation.

La vallée de la Wisper accueille tous ceux qui veulent se reposer dans le calme.

Ein gut markiertes Wanderwegenetz erschließt den Wald.

A clearly marked network of paths takes you through the forest.

Un réseau de sentiers de randonnée bien balisés parcourt la forêt.

Im Höhenort Presberg ist die Natur noch intakt.

Nature is still intact in Presberg.

Sur les sommets du Presberg, la nature est encore intacte.

Ein Hauch von Allgäu.

Reminiscent of the Allgäu in southern Bavaria.

On se croirait presque dans l'Allgäu.

Espenschied ist ein anerkannter Luftkurort.

Espenschied is a recognized climatic health resort.

Espenschied est une station climatique reconnue.

Rüdesheim

SCHUNKELN IN DER DROSSELGASSE

Rüdesheimer Hoteliers erkennen Gäste, die zum ersten Mal die kleine Stadt am Rhein besuchen, an der unbedarften Frage nach einem Zimmer mit Rheinblick. Die Rheinfront ist keine Flaniermeile, sondern lärmende Trasse für die vielbefahrene Bundesstraße 42 und die von lauten Güterzügen frequentierte rechtsrheinische Bahnstrecke Wiesbaden-Koblenz. Wer eine ruhige Nacht in Rüdesheim verbringen möchte – und das wollen in jedem Jahr rund 350.000 Gäste –, tut gut daran, ein der Rheinseite abgewandtes Zimmer zu buchen.

Doch wer nach Rüdesheim kommt, will meist ohnehin nicht am Rhein flanieren, will nicht den Anglern am Ufer und auch nicht den vorbeifahrenden Schiffen zusehen, sondern rheinische Gemütlichkeit in der Drosselgasse erleben. Rund drei Millionen Tagesbesucher drängen sich jährlich zwischen Ostern und Ende Oktober durch die knapp 150 Meter lange und drei Meter breite Weinmeile und die Oberstraße. In den gemütlich eingerichteten, urigen Lokalen mit ihren lauschigen Terrassen wird während der Saison getrunken, getanzt, geschunkelt und gesungen. Die meisten Besucher kommen in Gruppen und reisen in Bussen und Schiffen an.

Seine Stellung als eine der bekanntesten deutschen Fremdenverkehrsstädte verdankt das nur wenig mehr als 10.000 Einwohner zählende Städtchen aber weniger der Drosselgasse als seiner exponierten Lage nahe dem «Binger Loch» im Rhein. Diese Untiefe zwang die Schiffer jahrhundertelang, in Rüdesheim, Assmannshausen

Kaiser Wilhelm I. ließ die «Germania» errichten.

Kaiser Wilhelm I built the «Germania» monument.

La «Germania», qu'a fait édifier l'empereur Guillaume Ier.

oder Lorch Station zu machen: es sei denn, sie hatten wie die Mönche von Kloster Eberbach ihre Schiffe so konstruiert, daß sie trotz schwerer Ladung die Untiefe passieren konnten. Viele große Schiffe aber wurden entladen, die Güter auf kleinere Kähne und Boote mit flachem Kiel verladen oder gar auf dem Landweg weiterbefördert. In Rüdesheim entstanden deshalb schon früh zahlreiche Herbergen.

Die große Zahl der Übernachtungsstätten wiederum gab 1880 den Ausschlag, auf dem Niederwald hoch über der Stadt ein Denkmal zur Erinnerung an den Sieg über Frankreich 1871 zu errichten, das viele Schaulustige anziehen sollte. Die «Germania» thront seit 1883 über der Stadt und dem Rheingau. Am 28. September jenes Jahres weilte Kaiser Wilhelm I. zur feierlichen Einweihung in Rüdesheim. Seiner prunkvollen Karosse folgten mehr als 100 Kutschen mit Ehrengästen auf den Niederwald hinauf. Es wäre beinahe die letzte Fahrt des Deutschen Kaisers gewesen, doch ein von langer Hand geplantes Bombenattentat scheiterte an jenem Tag aus nie geklärten Gründen. Die Attentäter wurden gefaßt und wenig später hingerichtet.

Seither zeugt die «Germania» von einer längst vergangenen patriotischen Euphorie der Deutschen. Ein nationaler Stolz, der heute einer nüchterneren Betrachtungsweise gewichen ist, doch an Anziehungskraft hat die «Germania» nur wenig verloren. Vor allem die vielen ausländischen Besucher, aus Großbritannien, Nordamerika, Fernost und Skandinavien lassen sich mit der Seilbahn von Rüdesheim oder Assmannshausen auf den Niederwald tragen oder in Bussen hinauffahren. Vom mächtigen Denkmalsockel aus eröffnet sich bei klarer Sicht ein weiter Blick auf den Rheingau und weit darüber hinaus.

Die Katholische Pfarrkirche St. Jakobus.

The Catholic Pfarrkirche St. Jakobus.

L'église paroissiale catholique de St. Jacques.

Zeugnisse Rheingauer (Wein)kultur

Eine Attraktion ist auch der «Winzerexpreß», der Besichtigungsfahrten durch die Weinberge anbietet und während der Saison in der Fußgängerzone «Oberstraße» seine Haltestelle hat. Sehenswert ist neben dem Marktplatz und der Obergasse mit «Siegfrieds Mechanischem Musikkabinett» vor allem die zwischen 1900 und 1904 im neu-romanischen Stil errichtete Benediktinerinnen-Abtei und die katholische Pfarrkirche Eibingen, die auf den Grundmauern des 1165 von Hildegard von Bingen gegründeten Klosters steht. In einem kostbaren, 1929 gefertigten Schrein in der Wallfahrtskirche werden die Reliquien der Klostergründerin aufbewahrt. Das vergoldete handwerkliche Meisterstück aus Köln gleicht einem Haus, auf dessen Türen die vier Kardinaltugenden dargestellt sind: Tapferkeit, Klugheit, Gerechtigkeit und Mäßigung. 1932 brach in der Kirche Feuer aus, doch konnte der Schrein gerettet werden, während die Kirche niederbrannte. Der Neubau wurde im Juli 1935 eingeweiht. Alljährlich im September findet vor und in der Kirche das Hildegardisfest statt, zu dem viele Wallfahrer erwartet werden.

Eindrucksvolle Zeugnisse deutscher und Rheingauer Weinkultur können Besucher im Rüdesheimer Weinmuseum entdecken, das in der trutzigen Brömserburg an der Rheinstraße untergebracht ist. Die älteste der zahlreichen Rüdesheimer Burgen beherbergt seit 1949 eine bedeutende Sammlung historischer Weingefäße. Diese Niederburg steht auf den Fundamenten einer römischen Befestigungsanlage, die einst den Fährverkehr über den Rhein gesichert hat.

Um die Jahrtausendwende wurde die Brömserburg vom Mainzer Erzstift weiter ausgebaut und mehrfach erweitert, bis sie in den Wirren des Dreißigjährigen Krieges teilweise zerstört wurde. Seit 1941 ist sie im Besitz der Stadt, die das Bauwerk dem Museumsverein unentgeltlich zur Verfügung stellt. Das Museum hat im Zuge des erheblichen Rückgangs des Fremdenverkehrs in den neunziger Jahren an Attraktivität eingebüßt.

Rüdesheim mußte einen schmerzlichen Rückgang der Übernachtungsgäste von einst mehr als 450.000 auf

Im Oktober beginnt auch in Rüdesheim die Weinlese.

The grape harvest also begins in Rüdesheim in October.

En octobre, les vendanges commencent à Rüdesheim aussi.

Das Weinmuseum Brömserburg zeigt einige Tausend Zeugnisse deutscher Weinkultur.

The Brömserburg Wine Museum exhibits several thousand witnesses of German wine culture.

Le Musée du vin du Brömserburg renferme des trésors qui illustrent la culture viticole allemande.

inzwischen 330.000 hinnehmen. Mittlerweile scheint dieser Trend gestoppt, das städtische Verkehrsamt müht sich um einen Imagewandel der Stadt. Nicht die Drosselgasse, die in der Region einen negativen Ruf hat, soll im Mittelpunkt aller Marketinganstrengungen stehen, sondern Rüdesheim als Ausgangspunkt für die Entdeckung des Rheingaus insgesamt.

Hoffnungen setzt die Stadt in den Bau eines Eisenbahntunnels, der schon in einigen Jahren eine Verlegung der Bundesstraße 42 auf die dann freie Bahntrasse ermöglichen könnte. Dann würde Rüdesheim das seit Mitte des 19. Jahrhunderts an die Bahn verlorene Rheinufer zurückgewinnen und eine Promenade gestalten können, die der Stadt mit dem großen Namen wieder neue Anziehungskraft gibt.

Die Weinmajestäten eröffnen das Rotweinfest.

Wine queens open the red wine festival.

Les majestés du vin inaugurent le festival du vin rouge.

Assmannshausen, Aulhausen, Presberg

Ein romantischer Wanderweg führt vom Rüdesheimer Bahnhof durch die Weinberge nach Assmannshausen, das im Zuge der Gebietsreform ebenso wie die beiden Höhengemeinden Aulhausen und Presberg Stadtteil von Rüdesheim wurde. Erste Erwähnungen der Siedlung sind aus dem 11. Jahrhundert dokumentiert.

Assmannshausen hat einige sehenswerte Fachwerkhäuser. Am Rheinufer liegt das berühmte Gasthaus «Krone», das als Dichterherberge im vergangenen Jahrhundert zu Ruhm gelangte und heute zugleich Luxushotel, renommiertes Weingut und Feinschmeckerrestaurant ist. Berühmt ist Assmannshausen aber vor allem durch seine Rotweine.

Während im Rheingau fast ausschließlich der weiße Riesling angebaut wird, dominiert auf der «Rotweininsel» Assmannshausen der Blaue Spätburgunder. Er gedeiht am besten auf den steinigen Taunusschieferböden des «Assmannshäuser Höllenberg». Weinfreunde loben diese Rotweine als elegant und von zartem Duft. Ein guter Jahrgang des «Assmannshäuser» vermag es mit allen deutschen Rotweinen aufzunehmen.

Zwischen Rüdesheim und Assmannshausen zieht eine eindrucksvolle Ruine inmitten der steilen Weinberge die Blicke auf sich: Burg Ehrenfels. Durch eine umfangreiche Sanierung in den Jahren zwischen 1987 und 1992 ist der Verfall der Gebäude gestoppt worden. Ihre größte Bedeutung hatte die vermutlich im 12. Jahrhundert erbaute Burg als Bollwerk und Zollstation für Kurmainz. Im 17. Jahrhundert wurde sie mehrfach belagert, zerstört wurde sie 1689 während des Pfälzischen Erbfolgekrieges durch die französische Armee.

Die beiden übrigen Rüdesheimer Stadtteile Aulhausen und Presberg bieten abseits vom Trubel am Rhein vielfältige Möglichkeiten zur stillen Erholung. Gut markierte Wanderwege erschließen das Rheingaugebirge mit seinen schattigen Wäldern und saftigen Wiesen sowie die Weinberge an den zum Rhein hin abfallenden Hängen. Im Winter werden Langlaufloipen gespurt.

STADT RÜDESHEIM

65385 Rüdesheim am Rhein,
10.000 Einwohner, drei Stadtteile:
Assmannshausen, Aulhausen, Presberg

SEHENSWERT

- Weinmuseum Brömserburg, Rheinstraße 2, Tel. 06722/2348
- Asbach Besucher Center, Ingelheimer Straße, Tel. 06722/12345
- Mittelalterliches Foltermuseum, Grabenstraße 13, Tel. 06722/47510
- Siegfrieds Mechanisches Musikkabinett, Oberstraße 29, Tel. 06722/49217
- »Germania«, Jagdschloß und Adlerwarte auf dem Niederwald
- Drosselgasse und Oberstraße mit urigen Weinschänken und Lokalen
- Pfarrkirche St. Jakobus mit Marktplatz
- Rheinfront Assmannshausen mit historischem Gasthof «Krone»

TIPS

Seilbahn auf den Niederwald, Talstation Oberstraße 37, Tel. 06722/2402
Rüdesheimer Winzerexpreß, Abfahrt Oberstraße, Tel. 06722/2375
Asbach Bad, beheiztes Freibad am Rheinufer, Kastanienallee 3, Tel. 06722/910040
Bingen-Rüdesheimer Fahrgastschiffahrt, täglicher Liniendienst, Ausflugsfahrten, Burg- und Loreleyfahrten, Tel. 06721/14140
Rössler Fahrgastschiffahrt, Rundfahrten ab Assmannshausen und Rüdesheim, Tel. 06722/2353
Ponyhof Ebental, Kutsch- und Planwagenfahrten, Tel. 06722/2518
Zahlreiche markierte Wanderwege um den Niederwald und die Höhenstadtteile

FESTE

- Clubline Drosselgasse, Live-Musik-Festival, Ende Februar, Drosselgasse
- Assmannshäuser Rotweinfest, Anfang Mai, Altstadt
- Rüdesheimer Weinfest, im August auf dem Marktplatz
- «Tal total», autofreier Tag auf der B 42 zwischen Rüdesheim und Koblenz, alljährlich am letzten Sonntag im Juni
- Eibinger Rieslingwanderung, im Juni in den Eibinger Weinbergen

BESTE WEINBERGSLAGEN

Berg Schlossberg, Berg Rottland, Berg Roseneck, Assmannshäuser Höllenberg

INFORMATIONEN

Verkehrsamt Rüdesheim, Rheinstraße 16, Tel. 06722/19433
Rheingau-Taunus-Information, Tel. 0180/2251202
Internet: www.ruedesheim.de

Sommerlicher Höhepunkt: «Rhein im Feuerzauber».

Summer highlight: «Rhine in Fire Magic».

Le temps fort de la saison estivale: «Le Rhin et la magie des feux d'artifice».

Nach der Saison ist Rüdesheim eine beschauliche Kleinstadt.

Out of season, Rüdesheim is a quiet small town.

Après la saison, le calme revient dans la petite ville de Rüdesheim.

An Fastnacht vertreiben die Rüdesheimer den Winter.

Revellers drive out the winter at carnival time.

A la mi-carême, les habitants de Rüdesheim chassent l'hiver maléfique.

Kein Fest ohne Weinkönigin.

No festival is complete without the wine queen.

Il n'y a pas de fête sans reines du vin.

Straußwirtschaften laden zum Schunkeln ein.

A Strausswirtschaft offers new wine and a festive atmosphere.

Dans les bistrots de vigneron improvisés, il fait bon danser en chantant.

Die Drosselgasse ist ein Ort der Fröhlichkeit.

The Drosselgasse is a centre of conviviality.

En parcourant la Drosselgasse, chacun laisse éclater sa gaieté.

Die Boosenburg mit ihrem mächtigen Turm.

The Boosenburg with its rugged tower.

Le château fort de Boosenburg avec son imposant donjon.

Eine Seilbahn bringt den Besucher auf den Niederwald.

A cable car carries visitors to Niederwald.

Un téléphérique amène les touristes au sommet de la Niederwald.

In der «Krone» gingen Dichter ein und aus.

Poets once frequented the «Krone».

A la «Krone», les poètes se donnaient jadis rendez-vous.

Bei Assmannshausen wird das Rheintal enger.

The Rhine valley narrows near Assmannshausen.

A Assmannshausen, la vallée du Rhin se rétrécit brutalement.

Traditionsreiche Gaststätten: Die «Krone» und die «Alte Bauernschänke».

Inns with long histories: «Krone» and «Alte Bauernschänke».

Deux cafés historiques : la «Krone» et l'«Alte Bauernschänke».

Assmannshausen ist die Rotweininsel im Rieslingland.

Assmannshausen is a red wine island in Riesling country.

Assmannshausen est un îlot du vin rouge dans une mer de riesling.

Auf dem «Höllenberg» gedeiht der Spätburgunder.

Spätburgunder flourishes on the «Höllenberg».

Le pinot noir trouve un sol à sa convenance sur les coteaux du «Höllenberg».

Türme, Burgen, Steillagen – hier beginnt das Mittelrheintal.

Towers, castles, steep slopes – this is where the Middle Rhine begins.

Tours, châteaux forts, coteaux escarpés – ici commence la vallée centrale du Rhin.

Weinlese hoch über Rüdesheim.

Grape harvest high above Rüdesheim.

Vendanges au sommet du vignoble de Rüdesheim.

Eine Rarität: die Maulbeerbaumallee bei Rüdesheim.

Rarity: an avenue of mulberry trees near Rüdesheim.

Un spectacle rare: une allée de mûriers près de Rüdesheim.

Die Ruine der Zollburg «Ehrenfels».

The ruins of the «Ehrenfels» toll castle.

La ruine du château fort d'«Ehrenfels», où l'on prélevait l'octroi.

50°

Geisenheim und Johannisberg

WO DIE SPÄTLESE «ERFUNDEN» WURDE

International bekannt wurde Geisenheim nicht nur durch die rassigen Rieslingweine seiner Winzer, sondern durch das letztlich erfolgreiche Drängen eines Mannes beim preussischen König: Eduard Freiherr von Lade gelang es, die Gründung einer «Königlich-preussischen Lehranstalt für Obst- und Weinbau» durchzusetzen. Im Oktober 1872 nahm sie ihre Arbeit auf; heute lehren und forschen in der mit der Fachhochschule Wiesbaden verbundenen Forschungsanstalt 45 Wissenschaftler mit 320 Mitarbeitern in fünf Instituten und 14 Fachgebieten. Sie ist eine weltweit anerkannte Lehr- und Forschungsstätte, und es waren vor allem Geisenheimer, die wissenschaftlich fundierte Kenntnisse des Weinbaus in der Welt verbreitet und auf diese Weise dazu beigetragen haben, daß junge Weinbaunationen wie Südafrika, USA, Neuseeland und einige Staaten Südamerikas heute die Welt des Weines mit ihren Gewächsen bereichern können.

Der «Dom» prägt das Geisenheimer Stadtbild.

The cathedral dominates Geisenheim's skyline.

La «cathédrale», l'ouvrage architectural majeur de Geisenheim.

Das Portal des Geisenheimer Doms.

The entrance to Geisenheim Cathedral.

Le portail de la cathédrale de Geisenheim.

Geisenheim gilt als die Schul- und Sportstadt des Rheingaus, denn in der bis zur Gebietsreform bevölkerungsstärksten Rheingauer Stadt haben gleich zwei der insgesamt drei Gymnasien ihren Sitz, eines in der Trägerschaft des Kreises, das andere in der Obhut der katholischen Kirche. Geisenheim ist überdies die einzige Rheingau-Kommune mit Hallenbad, und das Rheingaustadion ist die einzige Sportanlage entlang des Rheins mit einem Rasenplatz, denn die vergleichsweisen geringen Niederschläge im warmen Rheingau machen eine aufwendige Pflege von Grünsportflächen nötig. Durch die Entwicklung seines Zentrums und die attraktive Gestaltung des zentralen Bischof-Blum-Platzes bemüht sich das 11.500 Einwohner zählende Geisenheim überdies erfolgreich, sich als «kleine Einkaufsstadt mit Herz» zu etablieren. Die Innenstadt wird geprägt vom mächtigen «Rheingauer Dom», der katholischen Pfarrkirche «Heilig Kreuz» mit einer eindrucksvollen Doppelturmfassade. Sie ist die größte Kirche im Rheingau.

Geisenheim, das wegen des 600 Jahre alten mächtigen Baumes am zentralen «Lindenplatz» auch «Lindenstadt» genannt wird, hat einen fränkischen Gründungskern aus dem frühen Mittelalter, darauf deuten zumindest Grabfunde. Im Jahr 772 erstmals urkundlich erwähnt, kam Geisenheim mit den übrigen Rheingauer unter die Herrschaft der Mainzer Erzbischöfe. Vor allem im 16. Jahrhundert ließen sich bedeutende Adelsgeschlechter in Geisenheim nieder, an die noch heute stattliche Adelshöfe und Schlösser erinnern.

Das bekannteste Rheingauer Wahrzeichen: Schloß Johannisberg.

The Rheingau's best known landmark: Schloss Johannisberg.

Le symbole emblématique du Rheingau : le château de Johannisberg.

Johannisberg

Trotz seiner international bekannten Forschungsstätte ist unter den Weinfreunden ein Stadtteil bekannter als die Stadt selbst: Johannisberg. «Der Johannisberg herrscht über alles» bemerkte Goethe bei einer seiner Reisen in den Rheingau in den Jahren 1814/15. Das heute stattliche Schloß war einst das erste Kloster im Rheingau, gegründet um 1107 von Mainzer Benediktinern auf der damals noch «Bischofsberg» genannten Erhebung. Im Jahre 1130 weihten die Mönche aus der Abtei St. Alban ihre neue Kirche St. Johannes dem Täufer und legten damit den Grundstein für den Namen «Johannisberg».

Das Kloster war vor allem mit Weinbergen begütert, um 1500 soll es Weinberge in mehr als 20 Dörfern besessen haben, von denen die meisten aber bald wieder verloren gingen. Während des Bauernkrieges im 16. Jahrhundert wurde das Kloster schwer in Mitleidenschaft gezogen und erholte sich nicht mehr von diesen Schäden. 1563 wurde die Abtei aufgehoben, die Klosterkirche wurde zur Pfarrkirche, die Güter verpfändet, bis die Fürstabtei Fulda 1716 das allmählich verfallende Anwesen mitsamt den Weinbergen erwarb. Damit begannen wieder bessere Zeiten auf dem Johannisberg, die Weinberge wurden mit Riesling neu bestockt – einer Rebsorte, die 1435 erstmals urkundlich in Rüsselsheim erwähnt wird. Und seit 1456 ist der Rieslinganbau in Lorchhausen nachgewiesen.

Die Anbaufläche wurde durch Rodungen ausgedehnt, das Schloß erhielt seine heutigen Konturen. Nach der Säkularisation wechselten die Besitzer mehrfach, bis Kaiser Franz I. von Österreich im Jahre 1816 das gesamte Anwesen seinem Kanzler Klemens Wenzel Lothar Fürst von Metternich-Winneburg übereignete. Ein wahrlich fürstliches Geschenk, das er für seine Verdienste um das Gelingen des Wiener Kongresses erhielt. Heute gehört es dem Oetker-

Konzern, aber Tatiana Fürstin von Metternich-Winneburg hat dort noch heute Wohnrecht. Und sie hat das Schloß auf bemerkenswerte Weise für die Kultur geöffnet. Alljährlich finden vor dieser historisch-eindrucksvollen Kulisse Aufführungen des Rheingau-Musik-Festivals statt, das inzwischen zum zweitgrößten europäischen Festival seiner Art aufgestiegen ist und jeden Sommer mehr als 100.000 Musikfreunde in den Rheingau lockt.

Doch noch mehr als ein Treffpunkt der Kulturfreunde ist das ehemalige Kloster ein Ort des Weines. Ein Denkmal zwischen den Schloßgebäuden legt Zeugnis ab, warum der Johannisberg als Wiege des deutschen Prädikatsweines gilt. 1775 wurde hier die «Spätlese» entdeckt. Damals durfte die Erlaubnis zur Weinlese nur der Fuldaer Fürstbischof selbst erteilen. Doch der Kurier traf aus unerfindlichen Gründen mit der ersehnten Genehmigung erheblich später als erhofft wieder im klösterlichen Weingut ein. Zu diesem Zeitpunkt hatten die Winzer der umliegenden Dörfer längst ihre Ernte eingebracht, und die Beeren der Klosterweinberge hatte der Fäulnispilz «Botrytis cinerea» befallen. Zum Segen für den Wein, denn unerwartet war der trotz Pilzbefalls gekelterte Wein nicht nur trinkbar, sondern vorzüglich. Wohl sollte es noch einige Zeit dauern bis endgültig anerkannt war, daß die späte Lese ein höheres Mostgewicht hervorbringt und der «Edelfäulepilz» die Trauben nicht verdirbt; doch gilt seither 1775 als das Entstehungsjahr der Spätlese und der Johannisberg als ihr «Geburtsort».

Mit einem Sommerfest wird das Rheingau-Musik-Festival eröffnet.

The Rheingau Music Festival opens with a summer gala.

Une fête d'été inaugure le Festival de musique du Rheingau.

Feuerwerk über dem Schloß Johannisberg.

Fireworks above Schloss Johannisberg.

Feu d'artifice au château de Johannisberg.

Stephanshausen und Marienthal

Stephanshausen, eine hochgelegene mittelalterliche Rodungssiedlung im Rheingaugebirge, ist erst seit der Gebietsreform Geisenheimer Ortsteil und idealer Ausgangspunkt für Wanderungen in den stillen Wäldern oberhalb des lärmenden Siedlungsbandes am Rhein.

Oberhalb von Geisenheim, wenn auch nicht so weit entfernt wie Stephanshausen, liegt Marienthal. Um seine Gründung rankt sich eine Legende: Kein Arzt vermochte einem bei einem Unfall erblindeten Jägersmann zu helfen, ein unscheinbares Marienbild an einem Baum in einem stillen Taunustal war seine letzte Hoffnung. Und als er sich dort vom Gebet erhob, sah er klar und deutlich wie früher. Die wundersame Heilung soll sich im Jahre 1309 zugetragen haben, und seither ist Marienthal das Ziel von Wallfahrern. Eine Kapelle mit der Darstellung Marias als der «schmerzhaften Mutter» mit ihrem toten Sohn im Schoß wurde errichtet. Sie wurde Ziel eines wachsenden Stroms von Pilgern, so daß Erzbischof Balduin von Trier 1330 an jener Stelle eine Kirche weihte. Bis Mitte des 15. Jahrhunderts erlebte Marienthal eine Blütezeit, es begründete 1468 die älteste Klosterdruckerei der Welt. Doch dann verflachte das religiöse Leben, die Wallfahrten kamen zum Erliegen. Im 17. Jahrhundert soll eine Bittprozession zum Marienbild das Ende der damals grassierenden Pest gebracht haben. Die Kirche wurde abgerissen, nachdem 1773 der Papst die Aufhebung des Jesuitenordens verfügt hatte. Die Besitzer des Ortes wechselten mehrfach, bis 1873 Franziskaner der thüringischen Ordensprovinz den «Wallfahrtsort zur Schmerzhaften Mutter Gottes» in ihre Obhut nahmen.

Heute leben, arbeiten und beten nur noch wenige Franziskaner in Marienthal, sie betreuen die Pilger und bieten jedem die Gelegenheit, sich für eine selbstbestimmte Zeitspanne in die Gemeinschaft der Mönche zu integrieren. Sehenswert ist der 1859 geweihte ovale Kreuzweg mit seinen 15 Stationen, ebenso die sieben Stationen des «Weges der Schmerzen Mariens» und der «Trimm-dich-Pfad der Seele», der wie der Kreuzweg eine «Zone der Stille» sein soll, um innezuhalten und Ruhe zu finden.

Stephanshausen ist Ausgangspunkt für Wanderungen in den Taunus.

Stephanshausen is the starting point for hikes in the Taunus mountains.

Stephanshausen est une ville idéale pour partir en randonnée dans le Taunus.

Im Kloster Marienthal beten und arbeiten Franziskanermönche.

Franciscan monks pray and work in Marienthal Monastery.

Des moines franciscains prient et travaillent au monastère de Marienthal .

STADT GEISENHEIM

65366 Geisenheim, 11.500 Einwohner, drei Ortsteile: Johannisberg, Stephanshausen und Marienthal

SEHENSWERT

Geisenheimer Dom und Bischof-Blum-Platz, 600 Jahre alte Linde (Wahrzeichen), Schloß Schönborn, Schloß Kosakenberg, Forschungsanstalt, Weindorf Johannisberg, Schloß Johannisberg mit Pfarr- und Schloßkirche sowie St. Georgsklause, altes Johannisberger Rathaus, Wallfahrtskloster Marienthal mit Kreuzweg, Burg Schwarzenstein (Hotel), Villa Monrepos

FESTE

- Geisenheimer Lindenfest, Altstadt, zweites Wochenende im Juli
- Fiesta International, Geisenheimer Altstadt, Ende Mai
- Johannisberger Weinfest, zweites Wochenende im September

TIPS

Anfang September Tage der offenen Tür an der Forschungsanstalt Geisenheim

BESTE WEINBERGSLAGEN

- Geisenheim: Fuchsberg, Rothenberg, Kläuserweg, Mäuerchen
- Johannisberg: Klaus, Hölle, Mittelhölle, Schloß Johannisberg

INFORMATIONEN

Gemeinsames Verkehrsbüro für Geisenheim und Oestrich-Winkel, An der Basilika 11a, 65375 Oestrich-Winkel,
Tel. 06722/701-0, Fax 06722/701-120
Tel. 06723/999030
Verkehrs- und Verschönerungsverein Stephanshausen, Tel. 06722/8757
Rheingau-Taunus-Information:
Tel. 0180/2251202
Internet: www. geisenheim.de, www.rheingau-taunus.de

Schloß Hansenberg.

Schloss Hansenberg.

Le château de Hansenberg.

Schloß Kosakenberg ist heute Weingut und Restaurant.

Today Schloss Kosakenberg is a vineyard and restaurant.

Le château de Kosakenberg est aujourd'hui un domaine viticole et un restaurant.

Schloß Monrepos. Geisenheim ist reich an Villen, Schlössern und Adelssitzen.

Schloss Monrepos. Geisenheim has many mansions, palaces, and manor houses.

Le château de Monrepos. Geisenheim regorge de villas, de châteaux et de maison patriciennes.

Das Schloß der Grafen von Schönborn.

The house of the Counts of Schönborn.

Le château des comtes de Schönborn.

Sonnenuntergang bei Schloß Johannisberg.

Sunset near Schloss Johannisberg.

Le soleil couchant au-dessus du château de Johannisberg.

Als Klosterkirche erbaut: Basilika neben Schloß Johannisberg.

Built as monastery church: Basilica adjacent to Schloss Johannisberg.

Construite comme abbatiale: la basilique contiguë au château de Johannisberg.

Pilzbefall fördert die Erzeugung edelsüßer Weine.

Fungi promote the production of fine sweet wines.

Le champignon Botrytis cinerea est favorable à la production de vins liquoreux.

Das Schloß war ein Geschenk an Fürst von Metternich.

The house was a present to Prince Metternich.

Le château fut offert en cadeau au prince de Metternich.

Der Weinkeller von Schloß Johannisberg.

The wine cellar of Schloss Johannisberg.

Les chais du château de Johannisberg.

Im Keller und der «Schatzkammer» lagern wertvolle Raritäten.

Precious wines are stored in the cellar and the «treasury».

Des vins rares et précieux reposent dans le chai et la «Chambre aux Trésors».

Von Zeit zu Zeit werden Raritäten versteigert.

From time to time rare wines are auctioned off.

Des vins rares sont occasionnellement vendus aux enchères.

Wein und Feigen lieben die Wärme.

Vines and figs appreciate warm weather.

La vigne et les figues aiment la chaleur.

Oestrich-Winkel

ZANGE, KRAN UND BASILIKA

Oestrich-Winkel ist eine junge Stadt, führte doch erst die Gebietsreform 1972 die traditionsreichen Weinorte Winkel, Mittelheim und Oestrich zusammen. Fünf Jahre später kam das sich gegen den Zusammenschluß lange sträubende Hallgarten hinzu. Das erste Stadtjubliläum gab 1997 denn auch keinen großen Anlaß zum Feiern. In Mittelheim hatte man bereits fünf Jahre zuvor siebenhundertjähriges Jubiläum gefeiert, denn aus dem Jahre 1292 stammt die erste urkundliche Erwähnung, eine Schenkung von Renten aus Weinbergen im Dorfe Mittelheim an das Benediktinerkloster auf dem Johannisberg.

Mittelheim

Doch Mittelheim ist weit älter, denn schon 1118 wurde mit dem Bau der Basilika St. Aegidius begonnen, die bis 1263 Klosterkirche der um 1210 nach Gottesthal umgezogenen Augustinerinnen war. St. Aegidius prägt heute neben dem Oestricher Kran und Schloß Reichartshausen von der Rheinseite aus das Bild der Stadt. Die Basilika ist eine der wenigen erhaltenen Rheingauer Sakralbauten aus dem 12. Jahrhundert und einen Besuch wert. Der Weinbau spielte auch in Mittelheim stets eine bedeutende Rolle; 1599 wird erstmals ein Weinmarkt erwähnt.

Wahrzeichen der Stadt ist der weithin sichtbare Weinverladekran in Oestrich, an dem die vielbefahrene Bundesstraße 42 vorbeiführt. Dieser Kran wurde am 4. August 1745 in

Der alte Weinverladekran ist das Wahrzeichen der Stadt.

The old wine loading crane is the trademark of the town.

La vieille grue avec laquelle on chargeait le vin sur les bateaux est l'emblème de la ville.

Der Kran wurde mit Menschenkraft angetrieben.

The crane is driven by human muscle power.

La grue était actionnée à la force de l'homme.

In der Winkeler Bucht liegen viele Schiffe.

Many ships moor in Winkeler Bucht.

De nombreux bateaux jettent l'ancre dans la baie de Winkel.

Betrieb genommen, und er tat seine Dienste bis ins Jahr 1925. Die Arbeit der beiden «Kranknechte» in den Laufrädern war schwer und gefährlich, zuweilen hat es tödliche Unfälle gegeben. Die Standorte der Rheinkräne waren belebte Umschlagplätze für Waren aller Art, die über den Strom verschifft wurden, und sie förderten die wirtschaftliche Entwicklung von Rheindörfern wie Oestrich, dessen erste urkundliche Erwähnung 1189 nachgewiesen ist.

Winkel

Noch älter ist der 850 erstmals genannte Weinort Winkel, der eng mit dem ältesten deutschen Weinbaugeschlecht verbunden ist, den Herren von Greiffenclau auf Schloß Vollrads. Die eindrucksvolle Anlage mit ihrem wuchtigen Wohnturm inmitten der Weinberge oberhalb von Winkel war über 800 Jahre das älteste Weingut der Welt im Familienbesitz, bis sich Erwein Graf Matuschka-Greiffenclau im Sommer 1997 das Leben nahm, um den Konkurs des Familienbesitzes nicht erleben zu müssen. Heute gehört das Traditionsweingut der Gläubigerbank, die lange vergeblich nach einem Käufer für das denkmalgeschützte Ensemble gesucht hat und es schließlich in ihren Besitz nahm. Wie das Schloß erhielt auch das «Graue Haus» einen neuen Besitzer, das neben dem Eltviller Freihof, der «Burg Craß», als das älteste Gebäude des Rheingaus und überdies als das älteste bewohnbare Steinhaus Deutschlands gilt.

Die 12.000 Einwohner zählende Stadt Oestrich-Winkel ist heute mit mehr als 1000 Hektar Rebfläche die größte weinbautreibende Kommune in Hessen. Winkel, Mittelheim und Oestrich sind im Laufe der Jahre städtebaulich miteinander verwachsen. Die ausgeprägten individuellen Eigenheiten der Winkeler, Oestricher und Mittelheimer sind dabei aber nicht verlorengegangen. Nach wie vor prägen der Weinbau und der Fremdenverkehr das Wirtschaftsleben, auch wenn es den Stadtvätern gelungen ist, einige Industriebetriebe anzusiedeln.

Hallgarten

Abseits von Oestrich, Winkel und Mittelheim liegt Hallgarten. Zu Beginn des 12. Jahrhunderts, im Jahre 1112, übergab der Abt des Mainzer Johannisstiftes ein «Hargardun» genanntes Gut an ein Winkeler Rittergeschlecht. Einige Jahrzehnte später muß das Gut in den Besitz der Zisterzienser von Kloster Eberbach gelangt sein, denn aus dem Jahr 1163 stammt eine Urkunde, in der «Hargardun» das «nächste Hofgut des Klosters» genannt wird. Das heutige Hallgarten bestand zu jener Zeit aus Speichern, Ställen, Werkstätten und einem Bauernhof. Mitte des 13. Jahrhunderts ist erstmals von einem Dorf an dieser exponierten Stelle die Rede.

Schon im späten Mittelalter war der Weinbau die Haupterwerbsquelle der Hallgartener. An der Ausschmükkung der zur Beginn des 15. Jahrhunderts errichteten Pfarrkirche war eine Muttergottes-Bruderschaft maßgeblich beteiligt, ihr verdankt der Ort wohl auch die Aufstellung der «schönen Hallgartenerin»: Die tönerne Madonna mit Weinkrug in der rechten Hand ist ein bedeutendes Zeugnis der mittelalterlichen Tonplastik am Mittelrhein.

Bekannt ist Hallgarten aber auch durch Adam von Itzstein (1775 bis 1855) geworden, einem der bedeutendsten liberalen Führer im deutschen Vormärz und Mitglied der deutschen Nationalversammlung. Er besaß in Hallgarten ein zehn Hektar großes Weingut und wurde in dem Höhendorf beerdigt. Ihn ehrt die letzte verbliebene Genossenschaft des Weindorfes, indem sie einen ausgesuchten Spitzenwein als «Adam von Itzstein» anbietet. Die Geschichte des «Genossenschaftsdorfes» Hallgarten beginnt im Januar 1898, als sich 45 Winzer zum «Hallgartener Winzerverein» zusammenschließen und gemeinsam Keller und Kelterhaus bauen. Sie gaben sich den Beinamen «Die Deutschen», vier Jahre später gründeten sich zwei weitere Genossenschaften, deren Beinamen «Buren» und «Engländer» mit dem «Burenkrieg» in Afrika in Zusammenhang steht und sich auf die Vermögens- und Besitzverhältnisse ihrer Mitglieder zurückführen läßt. Seither gilt Hallgarten als das Genossenschaftsdorf im Rheingau, auch wenn seit der Fusion 1989 nur noch die «Vereinigte Winzergenossenschaft Hallgarten» besteht.

Das Wahrzeichen des Weindorfes steht nicht in den Weinbergen, sondern im Wald: 1884 wurde auf einem 580 Meter über dem Meeresspiegel gelegenen Gebirgsvorsprung, der dem höchsten Gipfel des westlichen Taunus, der «Kalten Herberge» (620 Meter) vorgelagert ist, eine hölzerne Aussichtsplattform eröffnet, und 1909 durch einen noch höheren, gemauerten Turm ersetzt.

«Die Hallgartener Zange» entwickelte sich schnell zum beliebten Ausflugsziel und zum Rastplatz für Taunuswanderer. In den achtziger und neunziger Jahren allerdings ließ die Pflege des Anwesens nach, durch ein Loch im Turmdach drang Wasser ein und beschädigte die Bausubstanz. 1997 erwarb ein Wallufer Architekt die «Zange» bei einer Zwangsversteigerung und baute sie in den Jahren 1998 und 1999 zu einem romantischen Waldhotel mit Wanderherberge aus. Ein Aufzug bringt die Besucher gegen einen geringen Obolus auf die knapp über 600 Meter gelegene Aussichtsplattform, die einen herrlichen Blick auf den mittleren Rheingau und darüber hinaus freigibt.

Rheingauer Weinfeste sind undenkbar ohne Weinköniginnen.

Rheingau wine festivals would be inconceivable without wine queens.

On ne peut imaginer de fêtes du vin dans le Rheingau sans reines du vin.

OESTRICH-WINKEL

65375 Oestrich-Winkel, 12.000 Einwohner, vier Ortsteile: Oestrich, Winkel, Mittelheim und Hallgarten

SEHENSWERT

Schloß Vollrads, Brentanohaus, Brentanoscheune, Oestricher Kran, Mittelheimer Basilika St. Aegidius, Graues Haus in Winkel, Hallgartener Zange (Ausflugslokal), Historisches Mittelheimer Rathaus, Pfarrkirchen St. Walburga (Winkel), Kirche Mariae Himmelfahrt mit Tonplastik (Hallgarten), St. Martin (Oestrich), Oestricher Marktplatz, Schloß Reichartshausen (private Wirtschafts-hochschule)

FESTE

- Winkeler Weinblütenfest, drittes Wochenende im Juni
- Oestricher Lenchenfest, drittes Wochenende im Juli
- Hallgartener Winzerfest, erstes Augustwochenende

TIPS

Weinprobierstände am Rhein, Fährverbindung nach Ingelheim, Freibad im Ortsteil Hallgarten

BESTE WEINBERGSLAGEN

- Winkel: Jesuitengarten, Hasensprung, Schloß Vollrads
- Mittelheim: St. Nikolaus, Edelmann
- Oestrich: Lenchen, Doosberg
- Hallgarten: Schönhell, Jungfer

INFORMATIONEN

Tourist Information Oestrich-Winkel,
An der Basilika 11a, 65375 Oestrich-Winkel,
Tel. 06723/999030 und 19433,
Fax 06723/999032
Fahrgastschiffahrt von der Lücht,
Tel. 06723/4437 (Schiffsrundfahrten)
Rheingau-Taunus-Information:
Tel. 0180/2251202
Internet: www.rheingau-taunus.de,
www.rheingau-online.com/oestrich-winkel/

Das «Graue Haus» gilt als das älteste deutsche Steinhaus.

The «Grey House» is considered the oldest German stone house.

La «Maison grise» passe pour la maison de pierre habitée la plus ancienne d'Allemagne.

Im Zehnthof in Winkel.

Zehnthof in Winkel.

Au Zehnthof de Winkel.

Der kleine «Tempel» in Mittelheim.

The small «Temple» in Mittelheim.

Le petit «temple» de Mittelheim.

Die Mittelheimer Basilika stammt aus dem 12. Jahrhundert.

Mittelheim's Basilica dates from the 12th century.

La basilique de Mittelheim remonte au XIIe siècle.

Sanft steigen die Weinberge hinter der Stadt an.

The vineyards rise gently behind the town.

Derrière les murs de la ville, les coteaux s'élèvent en pente douce.

Im Brentanohaus war Goethe mehrfach zu Gast.

Goethe was a frequent guest in Brentano House.

Goethe était un hôte assidu de la Maison de Brentano.

Fachwerkhäuser in der Markstraße.

Half-timbered houses in Markstrasse.

Maisons à colombage dans la Rue du marché.

Schloß Vollrads ist eines der ältesten deutschen Weingüter.

Schloss Vollrads is one of the oldest German vineyards.

Le château de Vollrads est l'un des plus anciens domaines d'Allemagne.

Der Wohnturm steht inmitten eines Sees.

The residential tower stands in the middle of a lake.

La tour avec les appartements est entourée de douves.

Das prachtvolle Portal des Schlosses.

The magnificent portal of the palace.

Le magnifique portail du château.

Die «Mapper Schanze» ist ein Rest des «Gebücks».

«Mapper Schanze» is a remnant of old fortifications.

Les ruines de la «Mapper Schanze» sont tout ce qui reste du «Gebück».

Schloß Reicharts-hausen ist heute eine private Hoch-schule.

Today Schloss Reichartshausen is a private university.

Le château de Reichartshausen est aujourd'hui une université privée.

Blick aus Hallgarten auf Oestrich-Winkel und den Rhein.

View of Oestrich-Winkel and the Rhine from Hallgarten.

Vue de Hallgarten en direction d'Oestrich-Winkel et du Rhin.

Mittelalterliche Tonplastik: Die Hallgartener Madonna.

Medieval sculpture: Hallgarten Madonna.

Statue médiévale en argile: la madone de Hallgarten.

Rauhreif auf der «Hallgartener Zange» hoch über der Stadt.

Hoar-frost on the «Hallgartener Zange», high above the town.

La «Hallgartener Zange» dans son manteau de givre sur les sommets de la ville.

Köln-Düsseldorfer

Eltville

ROSEN, SEKT UND ZYLINDER

Auswärtige offenbaren sich bei ihrem ersten Besuch in Eltville meist durch einen «Mißklang». Unkundig «verschlucken» sie das «e» am Ende und geben dem Namen der ältesten Stadt im Rheingau unwillkürlich einen französischen Klang. Ein Fehler, den die mediterrane Atmosphäre der Uferpromenade zumindest fördert.

Doch die Eltviller empfinden derlei gleichwohl als Ärgernis, schließlich gehörte die Stadt jahrhundertelang zum Erzstift Mainz und verdankt einem ehrgeizigen Bischof die prächtige Burg am Rheinufer. Französisch aber war das heute mitsamt seinen vier Ortsteilen rund 17.000 Einwohner zählende Städtchen nie.

In historischen Urkunden ist mal von Eldevile, mal von Eltfyl, Altevile und Eltivile die Rede. Bisher wurde der Name auf die lateinische Bezeichnung «Alta Villa» zurückgeführt, doch neuere Ergebnisse der Heimatforscher deuten darauf hin, daß der Ortsname auf das althochdeutsche «alt» und «vil» (Haupthof eines Gutes) zurückzuführen ist.

Stadtrechte erhielt Eltville im Jahr 1332 auf Betreiben des Trierer Erzbischofs Balduin. Der schickte sich damals an, die Hand nach dem Mainzer Bischofshut auszustrecken. Ein turbulenter Streit mit dem Papst war die Folge, Balduin durfte Mainz nicht betreten und ließ sich im nahen Eltville nieder. Die von Kaiser Ludwig IV. verliehenen Stadtrechte gaben Balduin die Möglichkeit, die damals kaum 1000 Seelen zählende Ortschaft mit einer starken Mauer zu umgeben und so zu befestigen. Balduin erreichte sein Ziel zwar nicht, aber die Stadt hatte gewonnen: Für 150 Jahre blieb Eltville bevorzugter Verwaltungssitz der Mainzer Erzbischöfe.

Die Kurfürstliche Burg am Rhein ist heute ein Kulturdenkmal von nationaler Bedeutung. 123 Stufen führen auf den 24 Meter hohen, viergeschossigen Wehrturm. Im zweiten Stock hat der Burgverein eine Gedenkstätte eingerichtet, die an den Aufenthalt von Johannes Gutenberg erinnert. Kurfürst Adolf II. von Nassau befreite den Erfinder des Buchdrucks aus großer wirtschaftlicher und seelischer Not und holte ihn nach Eltville. Im Jahr 1465 ernannte er ihn zum Hofdienstedelmann und vermachte ihm eine jährliche Rente von einer Tonne Korn und 2000 Litern Wein, ausschließlich zum eigenen Genuß. Verschenken oder verkaufen durfte er das Korn oder den Rebensaft nicht. Mehrmals im Jahr finden in der Gutenberg-Gedenkstätte zur Erinnerung an den Aufenthalt von Gutenberg sogenannte «Drucktage» statt, bei denen auf einer florentinischen Presse Graphiken gedruckt werden.

Die Kurfürstliche Burg ist idealer Ausgangspunkt für einen Spaziergang am Rheinufer mit seinen schattenspendenden Platanen, das nirgendwo sonst im Rheingau eine derartige Anziehungskraft entfaltet. Gen Osten, Richtung Walluf, führt der «Leinpfad» am Rhein entlang zur Burg Craß, dem ältesten Bauwerk der Stadt. Erbaut im 11. Jahrhundert zur Zeit Kaiser Barbarossas, wurde das Haus Ende des vergangenen Jahrhunderts erstmals als Gaststätte genutzt.

Von Rosen umrankt: Das Südtor der Kurfürstlichen Burg.

Covered in roses: South Gate of the Kurfürstliche Burg.

Cernée de roses: la porte Sud du château des princes-électeurs.

Im Turm der Kurfürstlichen Burg ist eine Gutenberg-Gedenkstätte.

A Gutenberg memorial is located in the tower of the Kurfürstliche Burg.

Le donjon du château des princes-électeurs héberge un musée dédié à Gutenberg.

Verwinkelte Gassen und Fachwerkhäuser prägen die Altstadt.

Narrow streets and half-timbered houses characterize the old town.

Les ruelles sinueuses et maisons à colombage donnent à la Vieille Ville son cachet inimitable.

Nachdem es jahrelang leergestanden hatte, erhielt das Haus 1996 neue Besitzer und wurde im Frühjahr 1999 als Sekt-, Wein- und Rosenschlößchen neu eröffnet. Nach Westen führt der Weg von der Burg aus an mächtigen alten Villen vorbei, entlang an den Resten der Stadtmauer bis zum Sebastiansturm, wo einst eine Pforte Einlaß durch die Stadtmauer gab.

Die Rückkehr des Biedermeier

Eltville pflegt sein Image als Sekt-, Wein- und Rosenstadt. In den Rosengärten in und um die Burg blühen prächtige Blumen von Mai bis Oktober. 350 Rosensorten gedeihen im einzigartigen Mikroklima neben den Burgmauern, 22.000 Rosenstöcke wachsen im Stadtgebiet und erzeugen in den Sommermonaten eine außergewöhnliche Atmosphäre. 1988 wurde die Stadt Eltville als vierte Kommune nach Dortmund, Baden-Baden und Zweibrücken vom Verein deutscher Rosenfreunde in den exklusiven Kreis der Rosenstädte aufgenommen.

Eltville darf sich aber auch Fachwerkstadt nennen. Zwar weist das Stadtbild keine völlig geschlossene Fachwerkbebauung auf, doch lassen sich bei einem Gang durch die engen Gassen der Altstadt zwischen Rhein-

In Eltville blühen mehr als 20.000 Rosenstöcke.

More than 20,000 rose trees blossom in Eltville.

Plus de 20.000 rosiers embaument Eltville.

ufer und Rheingauer Straße viele eindrucksvolle Fachwerkhäuser entdecken. Seit einigen Jahren ist Eltville deshalb Station an der insgesamt 2500 Kilometer langen Deutschen Fachwerkstraße.

Über die Region hinaus ist Eltville für eine ungewöhnliche Traditionspflege bekannt: Zusammen mit dem Sektfest feiert die Stadt am ersten Juliwochenende sein Biedermeierfest. Frauen flanieren in gesteiften Unterröcken, aufwendig geschneiderten Kostümen mit tiefen Dekolletés und zierliche Stiefeletten an den Füßen, durch die Altstadt, begleitet von Männern in Gehrock und mit Stock und Zylinder. Die modische Rückbesinnung auf die Epoche zwischen 1815 und 1848 geht in Eltville auf das Jahr 1935 zurück, als erstmals auf Anregung der Stadt sowie des Verkehrs- und Verschönerungsvereins ein Biedermeierfest gefeiert wurde. Inzwischen hat sich ein Biedermeierverein gegründet, der diese Tradition hochhält und den alljährlichen Festumzug organisiert.

Zuallererst aber sieht sich Eltville als Sekt- und Weinstadt. Hier hat die bekannte Sektkellerei «Matheus Müller» (MM) ihren Sitz, aber auch die kleine und feine Sektkellerei «Schloß Vaux». Die Stadt hat überdies ein eigenes Weingut, das Georg Müller, Mitinhaber der Sektkellerei «Matheus Müller», im Jahr 1913 der damals noch selbständigen Gemeinde Hattenheim geschenkt hat. Mit der Gebietsreform kam Eltville deshalb nicht nur zu neuen Stadtteilen, sondern auch zu einem eigenen Weingut mit neun Hektar Weinbergen.

Vier Stadtteile mit Tradition

Die jahrhundertelang selbständigen Orte Hattenheim, Erbach, Rauenthal und Martinsthal kamen erst im Zuge der Gebietsreform und nur widerstrebend zu Eltville. Das ist verständlich, blicken sie doch ihrerseits auf eine lange Geschichte zurück. Martinsthal wurde 1363 von Erzbischof Gerlach von Nassau gegründet, um den Schutz der Rheingauer Landwehr, des «Gebücks», zu stärken. In einer Urkunde vom 8. April 1363 gewährte der Bischof daher allen, die sich in dem Seitental nahe am Kloster Tiefenthal niederlassen wollten, das Recht, Wehranlagen und Befestigungen zu bauen. Martinsthal ist also eine strategische Gründung zur Sicherung der Mainzer Landesherrschaft, der Name verweist auf den Schutzheiligen des Mainzer Erzbistums.

Mit diesem «Kunstnamen» mochten sich die Martinsthaler Neubürger freilich nicht anfreunden, stammte die Mehrzahl doch aus dem Dorf Rode jenseits des Gebücks. Sie wußten die Rheingauer Freiheit unter dem «Krummstab» des Bischofs und hinter dem Schutz des «Gebücks» zu schätzen und nahmen das Angebot zur Besiedelung an. Sie nannten ihre neue Heimat aber nur das «neue Dorf», und der Name Neudorf setzte sich schließlich mehr als 500 Jahre lang durch. Erst seit 1935 trägt Neudorf wieder den Namen Martinsthal. Der Regierungspräsident erfüllte damit einen langgehegten Wunsch der Bürger. Vor allem für den Fremdenverkehr und den Weinverkauf erhoffte

Eltville ist Station an der Deutschen Fachwerkstraße.

Eltville is on Germany's Fachwerkstrasse, an architectural route.

Eltville est une étape sur la Route allemande des maisons à colombage.

man sich durch die Namensänderung Impulse. Der Weinbau hat in Martinsthal Tradition, gewann aber erst Mitte des 19. Jahrhunderts an Bedeutung. Martinsthal überstand die beiden Weltkriege unbeschadet, nicht aber die Gebietsreform. 1977 wurde es mit Eltville verschmolzen, das seitdem die bevölkerungsreichste Stadt im Rheingau ist.

Hattenheim

Zu Eltville gehört seit 1972 auch Hattenheim. Die um das Jahr 1060 stammenden urkundlichen Überlieferungen weisen auf Vorgänge zur Gründung um das Jahr 995 und zwischen 937 und 954 hin. Hinweise auf den Weinbau gibt es schon aus dem 12. Jahrhundert, berühmte Weinbergslagen wie Mannberg, Nussbrunnen und Wisselbrunnen tragen den Ortsnamen in die Welt der Weinfreunde hinaus.

Die Ortsmitte mit einigen bemerkenswerten Fachwerkhäusern wird beherrscht von der Hattenheimer Burg, deren Grundstein vermutlich im 12. Jahrhundert gelegt wurde und die seit dem 15. Jahrhundert im Besitz des Freiherrlich Langwerth von Simmernschen Rentamtes ist, neben Schloß Vollrads der Familie Greiffenclau eines der ältesten Rheingauer Weingüter. Die Burg wird seit einigen Jahren vom Burg- und Verschönerungsverein in Hattenheim verwaltet und gepflegt und kann für private Anlässe gemietet werden. Zweimal im Jahr, zum Burg- und Winzerfest und anläßlich der Rheingauer Schlemmerwochen, schenken dort die Hattenheimer Winzer gemeinsam ihre Weine aus.

Erbach

Zwischen Hattenheim und Eltville liegt das ebenfalls mehr als 1000 Jahre alte Erbach. «Heimat des Marcobrunn» heißt es neben den offiziellen Ortsschildern, denn die Bürger sind stolz darauf, eine der berühmtesten Rheingauer Weinbergslagen innerhalb ihrer Gemarkung zu wissen. Zwei Baudenkmäler der besonderen Art verdankt die bis 1972 selbständige Gemeinde Marianne, Prinzessin der Niederlande, die 1830 als Zwanzigjährige mit Prinz Albrecht von Preußen, dem Bruder des späteren Kaiser Wilhelm I, vermählt worden ist, ohne daß ihr allerdings ein dauerhaftes Eheglück beschieden war. 1855 erwarb sie von den Grafen von Westfalen Schloß Reinhartshausen mitsamt der gegenüberliegenden Insel im Rheinstrom. Sechs Jahre später starb ihr zweiter Sohn, Johannes Wilhelm von Reinhartshausen. Noch an seinem Todestag unterzeichnete sie eine Urkunde, mit der sie der evangelischen Kirche 60.000 Gulden und ein Grundstück für einen Kirchenbau vermachte. Dort steht heute die 1998 rundum renovierte Johanneskirche, der bedeu-

Beim Wein finden die Besucher Ruhe und Erholung.

Visitors find peace and tranquillity with a glass of wine.

Autour d'un verre de vin, les visiteurs trouvent le calme et le repos.

Alter Brunnen im Weingut Langwerth von Simmern.

Old well at the Langwerth von Simmern Vineyard.

Vieux puits au domaine de Langwerth, à Simmern.

tendste evangelische Sakralbau im katholischen Rheingau. Die größte Insel im Rhein wurde wenige Jahre nach Mariannes Tod in «Mariannenaue» umbenannt. Das mit immensem Aufwand zwischen 1987 und 1993 renovierte und stark erweiterte Schloß beherbergt heute ein luxuriöses Hotel und eines der größten und führenden Weingüter im Rheingau.

Rauenthal

Ähnlich renommierte Weinlagen wie in Erbach und Hattenheim finden sich auch im Eltviller Höhenstadtteil Rauenthal. Das Schlösschen Nonnenberg inmitten der Rauenthaler Weinberge, vor einigen Jahren renoviert und heute im Privatbesitz, ist eines der herausragenden Bauwerke, das Autofahrer aus dem Rhein-Main-Gebiet zuerst zu Gesicht bekommen, wenn sie über die 1989 eröffnete zweispurige Bundesstraße an Wiesbaden vorbei in den Rheingau fahren. Das Schlösschen thront zwar über Martinsthal, gehört aber zur Rauenthaler Gemarkung. Weinbergsnamen wie Gehrn, aber auch Wülfen und vor allem der «Baiken» haben die Rauenthaler Rieslingweine berühmt gemacht. Eindrucksvollstes Baudenkmal ist die weithin sichtbare Kirche, die zugleich auch das Wahrzeichen des wohl im 13. Jahrhundert gegründeten Bergdorfes ist. Erbaut wurde die dem heiligen Antonius geweihte Pfarrkirche zwischen 1468 und 1491; nach einer Feuersbrunst erfolgte der Wiederaufbau zwischen 1558 und 1560. Lohnenswert ist nach dem Besuch der Kirche ein kurzer Spaziergang zum Aussichtspunkt «Bubenhäuser Höhe» mit freier Sicht auf das Rheintal.

STADT ELTVILLE

65343 Eltville, 17.000 Einwohner, vier Stadtteile: Erbach, Hattenheim, Martinsthal, Rauenthal

SEHENSWERT

Kurfürstliche Burg am Rheinufer mit Rosengarten, Burg Craß am Rheinufer, Rheinpromenade mit Resten der Stadtmauer, Sebastiansturm, Villa Hajo Rüther, Pfarrkirche Peter und Paul
- Hattenheim: Burg und Ortsmitte, Pfarrkirche, Kloster Eberbach mit Steinberg
- Erbach: Schloß Reinhartshausen (Hotel und Weingut) mit Vinothek, ev. Johanneskirche, Mariannenaue
- Rauenthal: Kirche, Schlösschen Nonnenberg (Privatbesitz)
- Martinsthal: Ortsmitte mit Fachwerkbauten und Gutsschänken

FESTE

- Sekt- und Biedermeierfest, erstes Juliwochenende an der Rheinpromenade
- Erbacher Erdbeerfest, drittes Wochenende im Juni
- Burg- und Winzerfest Hattenheim, zweite Augusthälfte
- Hattenheimer Weindorf in der Burg (Schlemmerwochen), Anfang Mai
- Martinsthaler Weinfest , Mitte Juli
- Rauenthaler Weinfest, zweite Augusthälfte

TIPS

Weinprobierstände in den Ortsteilen
Ausflugsfahrten mit dem Schiff vom Anleger Eltville aus;
Beheiztes Freibad am Rheinufer;
Burghofspiele Eltville im Sommer, Kurfürstliche Burg Eltville;
Konzertreihe «Castle Concert Eltville»
Information 0 61 23/90 98-0

BESTE WEINBERGSLAGEN

- Hattenheim: Mannberg, Nussbrunnen, Wisselbrunnen, Engelmannsberg, Pfaffenberg
- Erbach: Marcobrunn, Steinmorgen, Siegelsberg, Hohenrain, Schloßberg
- Eltville: Sonnenberg
- Rauenthal: Baiken, Gehrn, Wülfen, Nonnenberg, Rothenberg
- Martinsthal: Wildsau, Langenberg

INFORMATIONEN

Kultur- und Gästeamt Eltville,
Schmittstraße 2, 65343 Eltville,
Tel. 0 61 23/90 98 40. Fax 90 98 90
Rheingau-Taunus-Information:
Tel. 01 80/22 512 02
Internet:
www.eltville.de, www.rheingau-taunus.de

PLATZ VON
PLACE DI
ARZENS
PARTNERGEMEINDE IN FRANKREICH-DEPAUDE
HOTEL

Biedermeierfest am ersten Juli-Wochenende jeden Jahres.

The Biedermeier Festival is held annually on the first weekend in July.

La Fête du Biedermeier est célébrée le premier week-end de juillet de chaque année.

Der Biedermeierverein hält die Tradition hoch.

The Biedermeier Association maintains old traditions.

L'Association du Biedermeier cultive la tradition.

Das Hotel «Kronenschlößchen» in Hattenheim.

Hotel «Kronenschlösschen» in Hattenheim.

L'hôtel «Kronenschlößchen» à Hattenheim.

Fachwerkhäuser in Eltville und in Erbach.

Half-timbered houses in Eltville and Erbach.

Maisons à colombage à Eltville et Erbach.

Idylle am Rhein bei Eltville.

Idyllic setting on the Rhine near Eltville.

Scène idyllique des bords du Rhin, près d'Eltville.

Zeugnisse des Glaubens in den Weinbergen.

Attestations of faith among the vineyards.

Témoignages de la foi dans les vignobles.

Schloß Reinhartshausen in Erbach ist heute ein Luxushotel.

Today Schloss Reinhartshausen in Erbach is a luxury hotel.

Aujourd'hui, le château de Reinhartshausen, à Erbach, est aujourd'hui un hôtel de luxe.

Über Martinsthal liegt Rauenthal mit seinem mächtigen Kirchturm.

Above Martinsthal lies Rauenthal with its imposing church tower.

A l'arrière plan de Martinsthal, Rauenthal avec son imposant clocher.

In Rauenthal werden herausragende Rieslingweine erzeugt.

Exceptional Riesling wines are produced in Rauenthal.

De remarquables rieslings sont produits à Rauenthal.

Das Schlößchen Nonnenberg ist in Privatbesitz.

The Nonnenberg mansion is privately owned.

Le petit château de Nonnenberg est une propriété privée.

Kloster Eberbach

SCHAFSTALL UND FILMKULISSE

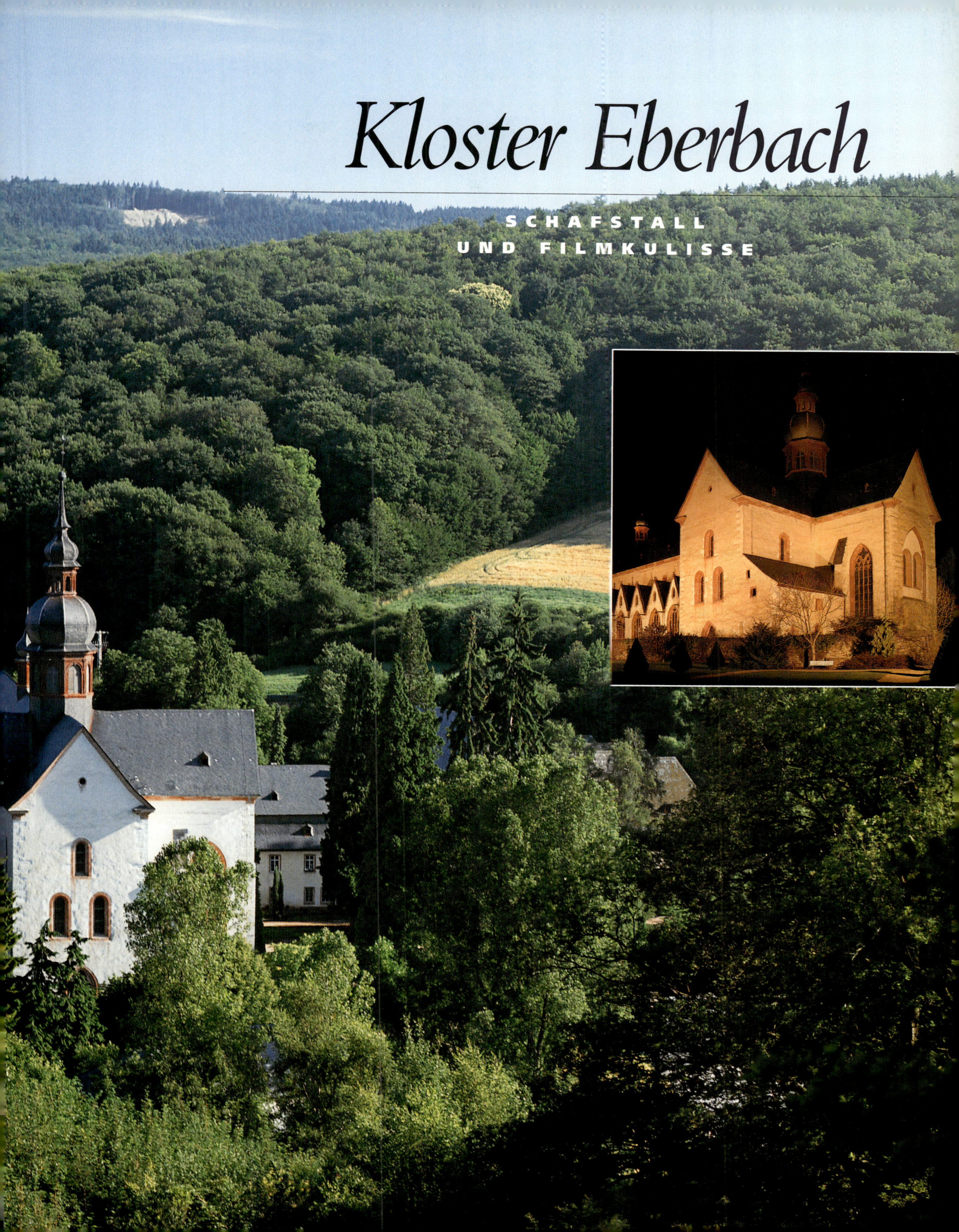

Als der heilige Bernhard mit Erzbischof Adalbert für das zu errichtende Kloster einen schicklichen Platz suchte, kam plötzlich ein wilder Eber aus dem Wald, schlitzte vor ihren Augen mit seinem Rüssel wie mit einer Pflugschar den Boden auf, zog eine umkreisende Furche und bezeichnete dadurch den Bezirk für das Kloster. So lautet eine Legende von der Klostergründung durch Bernhard von Clairvaux und seine Zisterzienser im Jahre 1136. Diese Legende, von der es mehrere Varianten gibt und die den Klosternamen «Eberbach» erklären soll, hält sich bis heute unter den Rheingauer Bürgern, und sie wird allen Gästen des Klosters gerne erzählt und ausgeschmückt. Die historische Wahrheit gibt sie aber nicht wieder.

Denn schon 15 Jahre vor den Zisterziensern hatten sich im stillen Seitental des Kisselbachs oberhalb des Rheins Augustiner-Mönche auf Anweisung von Erzbischof Adalbert I. von Mainz angesiedelt. Doch nach 1131 wies er sie, unzufrieden mit der Erfüllung ihres Auftrages, wieder aus. Für fünf Jahre nahmen ihre Stelle die Benediktiner von Johannisberg ein, doch auch sie fühlten sich im unwirtlichen Tal nicht wohl und machten ihrerseits 1136 den Zisterziensern aus Clairvaux, der Abtei des heiligen Bernhard, Platz. Deren asketischer Lebensweise kam die abgeschiedene Lage des Tales entgegen.

Als die zisterziensische Lebensordnung im Europa des 12. und 13. Jahrhunderts blühte, war Kloster Eberbach im Rheingau noch alles andere als einmalig, denn die Zister-

Im Kreuzgang begegneten sich die Zisterzienser-Mönche.

Cistercian monks once met in the cloisters.

Les Cisterciens défilaient en priant dans le cloître.

Arbeit und Gebet bestimmten den Alltag der Mönche.

Work and prayer defined the monks' daily lives.

Le travail et les prières rythment la vie quotidienne des moines.

zienser bewiesen wenig Kreativität bei der Planung ihrer zahlreichen Klosteranlagen. Sie vertrauten vielmehr einem einmal bewährten «Prototyp» und bauten ihre Klöster nach einem einheitlichen Plan vielhundertfach in ganz Europa. Stets bevorzugten sie abgelegene Seitentäler mit Wasserläufen.

Die gut erhaltene Bausubstanz hebt Eberbach heute aus der Masse der einst 600 Klöster heraus. Fast alle Gebäude aus dem 12. Jahrhundert sind im Kern noch erhalten, trotz einiger Veränderungen im 18. Jahrhundert, als die Mönche dem modischen Drang zur Repräsentation nachgegeben und barocke Elemente hinzugefügt haben. Aus jener Zeit stammen auch die Orangerie, das schmucke Abthäuschen und das auf den Konversenbau aufgesetzte obere Stockwerk.

Zeitweise lebten mehr als 300 Patres (Mönche) und Fratres (Laien) im Kloster. Eberbach wuchs schnell zu einem mittelalterlichen «Wirtschaftskonzern» heran. Um das Jahr 1500 soll das Kloster mehr als 9000 Hektar Land in mehr als 200 Orten besessen haben. Die Haupteinnahmequelle aber war der Weinbau, obwohl die Reben nur einen geringen Teil dieser Fläche beanspruchten. Als besonders herausragender kirchlicher Weinberg gilt heute der «Steinberg» in unmittelbarer Nachbarschaft des Klosters, der von einer knapp drei Kilometer langen Mauer umgeben ist. Die Mauer sorgt für ein einzigartiges Kleinklima, das zumindest in Mauernähe auch in weniger sonnenverwöhnten Jahren einen außerordentlichen Wein gedeihen läßt, der Freunde auf der ganzen Welt hat.

Schicksalsschläge

Die Blütezeit des Klosters währte nicht lange. Im Bauernkrieg wurde das Kloster 1525 geplündert. Aufständische Bauern leerten das berühmte «Große Faß», das zu jener Zeit als achtes Weltwunder gerühmt wurde und nach fünfzehnjähriger Bauzeit im Jahre 1500 zum ersten Mal gefüllt worden war. Es vermochte mehr als 70.000 Liter Wein zu fassen. Die Klostergemeinde überstand diesen Angriff. Erst während des Dreißigjährigen Krieges wurden die Mönche von schwedischen Soldaten vertrieben und nahmen Zuflucht in Köln.

Im 18. Jahrhundert blühte das Kloster abermals auf, doch nur bis zu seiner Aufhebung im Jahre 1803 durch Fürst Friedrich August von Nassau-Usingen. Für das Kloster begann unter

Alte Weinfässer im Hospitalkeller des Klosters.

Old wine casks in the monastery's hospital cellar.

Vieux fûts à vin dans la cave de l'hôpital du monastère.

nassauischer Herrschaft eine schwere Zeit: Die Kirche diente zunächst als Schafstall und Scheune, eine Straße führte quer durch das Gotteshaus. Erst in den dreißiger Jahren dieses Jahrhunderts wurden die brutalen Spuren der Säkularisation beseitigt. Zeitweise war das Kloster neben dem Sitz der Staatsweingüter auch Gefängnis, Depot und Irrenanstalt.

1983 wurde das Hessische Staatsbauamt in Wiesbaden mit der Vorbereitung der Generalsanierung der fünf Hektar großen Klosteranlage betraut. 20 Jahre soll die Sanierung dauern, und sie wird das Land Hessen als Eigentümerin insgesamt rund 200 Millionen Mark kosten. Das Kloster hat für seine Restauratoren allerlei Überraschungen bereitgehalten. Als etwa das 130 Pfund schwere schmiedeeiserne Kreuz vom Kirchendach geholt wurde, gab ein verstecktes Fach ein byzantinisches Reliquienkreuz frei, in dem seinerseits ein Reliquienpäckchen mit einem weiteren Kreuz versteckt war.

Kloster Eberbach ist heute weit mehr als eine ehemalige Wirkungsstätte der Mönche. Es ist eine kulturhistorisch bedeutsame Stätte für den Rheingau, ein Wahrzeichen dieser Weinregion, zugleich ein Erbe der Zisterzienser und ein Hort deutscher Weingeschichte, aber auch ein kultureller Ort, der alljährlich vom Rheingau Musik Festival in einen Treffpunkt der Freunde klassischer Musik verwandelt wird. Weit über die Grenzen der Region hinaus bekannt wurde das Kloster als Drehort für die Verfilmung von Umberto Eccos Roman «Der Name der Rose».

KLOSTER EBERBACH

SEHENSWERT

Klosteranlage mit Basilika, Kreuzgang, Klostermuseum; Steinberg mit Mauer

TIPS

- Restaurant in der Gutsschänke, Gästehaus mit Übernachtungsmöglichkeit,
- im Frühjahr und Herbst öffentliche Weinversteigerungen im Dormitorium durch die Hessischen Staatsweingüter und den Verband der Prädikatsweingüter,
- im Sommer Veranstaltungsort des Rheingau Musik Festivals,
- regelmäßige Weinseminare,
- Erntedankfeier der Rheingauer Winzer am ersten Sonntag im Dezember,
- Landesweinprämierung mit Verkostung Anfang November. Vinothek der Hessischen Staatsweingüter neben dem Eingang zum Museum, Weinprobierstand im benachbarten «Steinberg» von Mai bis September.
- Eine Vinothek mit Weinen aus allen Domänen gibt es überdies unter dem Dach der Zentralkellerei in Eltville, Schwalbacher Straße 56 – 62, Tel. 06123/92300

HESSISCHE STAATSWEINGÜTER

Die hessischen Staatsweingüter sind mit fast 200 Hektar Rebfläche das größte deutsche Weingut mit sechs Domänen, neben dem Steinberg (Hattenheim) auch in Hochheim, Bensheim (Hessische Bergstraße), Rauenthal, Assmannshausen und Rüdesheim

INFORMATIONEN

Stiftung Kloster Eberbach,
Tel. 06723/91780
Rheingau-Taunus-Information:
Tel. 0180/2251202
Staatsweingüter Kloster Eberbach:
Tel. 06123/92300
Rheingauer Weinbauverband:
Tel.06723/91757

Die Kirche diente nach der Säkularisation als Schafstall.

After secularization, the church served as a sheep shed.

Après la sécularisation, l'église a servi de bergerie.

Die Akustik der Basilika ist einzigartig.

The Basilica's acoustics are outstanding.

L'acoustique de la basilique est d'une qualité remarquable.

Heute ist die Kirche auch ein Konzerthaus.

Today the church is also a concert hall.

Aujourd'hui, l'église est aussi une salle de concert.

Eine alte Grabplatte.

An old gravestone.

Vieille plaque tombale.

Sehenswert ist die große Sammlung alter Weinkeltern.

The large collection of old winepresses is well worth seeing.

La grande collection de vieux pressoirs mérite le détour.

Gefrorene Beeren werden zu Eiswein verarbeitet.

Frozen grapes are made into Eiswein.

Les grains de raisins gelés sont pressés pour donner le «Eiswein», le vin de glace.

Auf einer öffentlichen Weinversteigerung.

At a public wine auction.

Lors d'une vente aux enchères publique de vins.

Vor der Versteigerung wird verkostet.

Tasting takes place before an auction.

Toute vente aux enchères est précédée d'une dégustation.

Weinkeller sind oft stimmungsvolle Gewölbe.

Wine cellars often have vaults and lots of atmosphere.

Les caves à vin dégagent souvent une ambiance mystérieure.

Die Fässer im Cabinet-Keller sind Zierde und deshalb mit Wasser gefüllt.

The barrels in the Cabinet-Keller are for decoration and therefore only contain water.

Les fûts dans la «cave du Kabinett» n'ont qu'un usage décoratif et sont donc remplis d'eau.

Kiedrich

MITTELALTERLICHE MUSIKALITÄT UND «WEINBERG DER EHE»

Der Aufschwung kam mit dem Fremdenverkehr. Kiedrich war eine der ersten Rheingauer Gemeinden, die vom Rheintourismus profitierten. Der große deutsche Strom zog zu Beginn des vergangenen Jahrhunderts junge Engländer an, für die eine Bildungsreise auf dem Kontinent Abschluß und Krönung ihrer Erziehung war. Im Jahre 1857 bereiste auch Sir John Sutton, damals 37 Jahre alt, den Rheingau. Er war von der Landschaft begeistert, aber noch mehr von einem kleinen gotischen Dorf etwas abseits des Rheins: Kiedrich. Der vermögende Baron ließ sich hier nieder, und fortan hatte Kiedrich einen Mäzen, dem es bis heute dankbar ist und an den es unter anderem mit einer Sutton-Straße und der John Sutton-Schule erinnert.

Sutton nahm sich vor allem der im 14. Jahrhundert erbauten Pfarrkirche St. Valentin mit ihrem 75 Meter hohen Turm an und finanzierte in den Jahren von 1857 bis 1873 deren umfangreiche Renovierung. Bis heute ist die Kirche ein Schmuckstück, das die Touristen anzieht: zum einen wegen des eindrucksvollen Gebäudes, des weitläufigen Kirchhofes mit seinen 14 Kreuzwegstationen aus dem Jahre 1877, der um 1530 errichteten Kreuzigungsgruppe und der benachbarten, im 15. Jahrhundert erbauten St. Michaelskapelle. Bekannt ist die Kirche aber auch durch eine lebendige Tradition: Der Pflege des gregorianischen Chorals in seinem germanischen Dialekt durch die «Kiedricher Chorbuben», die regelmäßig lateinische Messen singen. Was bis zum Ende der «Mainzer Herrschaft» Pflicht in den Rheingauer Pfarreien war, ging im Zuge der politischen und kirchlichen Umwälzungen der französischen Revolution und den Folgen des Wiener Kongresses allmählich zurück. Kiedrich ist somit einer der letzten Zeugen mittelalterlicher Musikalität.

Das Innere der Kirche stellt architektonisch eine Momentaufnahme aus der Zeit um 1500 dar, in der man Gotik sehen und regelmäßig auch hören kann. Weithin bekannt ist die Kiedricher Madonna eines unbekannten Meisters (um 1330), das reichgeschnitzte Laiengestühl des Erhart Falckener von 1510, die Glocken von 1389 und 1513 und die Orgel mit ihren 1000 Pfeifen (um 1520), die zu den ältesten deutschen Orgeln zählt. Ihre sorgfältige Renovierung im 18. Jahrhundert wurde ebenfalls von John Sutton bezahlt. Die Kanzel in Weinpokalform stammt aus dem Jahr 1493, der Hochaltar entstand um 1619.

Weithin sichtbares Wahrzeichen der Gemeinde ist die Burgruine Scharfenstein. Sie zeugt wie so viele andere Bauwerke aus dem frühen Mittelalter von der Herrschaft der Mainzer Bischöfe über den Rheingau. Um das Jahr 1160 erbaut, diente sie als wehrhaftes Bollwerk zur Sicherung der Ostflanke und der Straße über die Taunushöhe. Zeitweise war sie Bischofsresidenz. Im 16. Jahrhundert zerfiel sie, erhalten blieb der runde, 30 Meter hohe Bergfried.

Nahe der Burg, die heute im Besitz der Gemeinde ist, befindet sich der 1975 angelegte «Weinberg der Ehe». Jedes Paar, das im 400 Jahre alten Kiedricher Rathaus den Bunds fürs

Die Ruine «Scharfenstein» ist das Wahrzeichen von Kiedrich.

The ruin of «Scharfenstein» Castle is Kiedrich's trademark.

La ruine de «Scharfenstein» est l'emblème de Kiedrich.

Kiedrich ist die kleinste Gemeinde im Rheingau.

Kiedrich is the smallest community in the Rheingau.

Kiedrich est la plus petite commune du Rheingau.

Leben schließt, erhält als Geschenk einen numerierten Rebstock in der Weinbergslage «Kiedricher Wasseros». Dieser wirft als «Ertrag» jährlich eine Flasche Riesling ab – und obendrein erhalten die Paare alle zwei Jahre eine Einladung zum Rieslingfest.

Eigenständige Karnevalshochburg

Daß die selbstbewußten Kiedricher zu feiern wissen, zeigen sie nicht nur während ihres Weinfestes, sondern auch in der «fünften» Jahreszeit: Kiedrich gilt zu Recht als Karnevalshochburg im Rheingau, und mehr als 30.000 Besucher strömen in den kleinen Ort, wenn am Rosenmontag ein langer närrischer Lindwurm mit Gruppen und Wagen aus der gesamten Region durch die alten Gassen zieht.

Dabei ist Kiedrich mit weniger als 4000 Einwohnern die kleinste Gemeinde im Landkreis Rheingau-Taunus. Daß es die Gebietsreform ohne Einverleibung durch den großen Nachbarn Eltville überstand, verdankt es seinen großen Plänen: Eine 40 Hektar große Fläche im «Hahnwald» sollte bebaut werden und 3000 Neubürgern eine Heimat geben. Das war die Voraussetzung für den Erhalt der Eigenständigkeit. Zwar sind diese ehrgeizigen Pläne später zu den Akten gelegt worden, doch an der Selbständigkeit wurde nicht mehr gerüttelt.

Eine historische Mühle in Kiedrich.

A historic mill in Kiedrich.

Un moulin historique à Kiedrich.

Schmuckes Fachwerk mit Verzierungen.

Fancy woodwork with decorations.

Délicate décoration de colombage.

Seine erste Erwähnung verdankt Kiedrich einer Urkunde während der Regentschaft von Erzbischof Friedrich (937 – 954), nach dessen Herrschaft, vor allem ab dem 12. Jahrhundert, sich im Rheingau allmählich der kulturelle und wirtschaftliche Aufschwung entfaltete. Klöster und Dörfer wurden gegründet, Burgen gebaut, Wälder gerodet. Die genannte Urkunde gibt Auskunft über eine Schenkung: 1069 übereignet Bischof Friedrich dem Mainzer Stift St. Peter die Kirche zu Eltville mit den Orten Walluf, Steinheim, Erbach, Hattenheim und Kiedrich (Ketercho). Woher der Name kommt, ist nicht restlos geklärt, eine von mehreren Varianten leitet ihn aus dem griechisch-römischen Wort «cataracta» für «Wasserfall» ab.

Eine Mauer umgab Kiedrich nie, wohl aber hatte das Dorf schon im 14. Jahrhundert eigene Siegel und Wappen. Im Mittelalter pflegte es enge Beziehungen zum nahen Kloster Eberbach. Wie die anderen Rheingauer Dörfer wurde Kiedrich während des Dreißigjährigen Krieges arg gebeutelt, doch seine großen Baudenkmäler blieben erhalten und der Wohltäter Sutton half, viele Wunden im Ortsbild zu heilen. Sutton starb 1873 in Belgien, 1974 holte man seine sterblichen Überreste nach Kiedrich, wo sie ihre letzte Ruhestätte auf dem Kirchhof fanden.

Kiedrich ist von Weinbergen umgeben.

Kiedrich is surrounded by vineyards.

Kiedrich est entourée de vignobles.

KIEDRICH

65399 Kiedrich, 3800 Einwohner

SEHENSWERT

- Pfarrkirche St. Valentin mit Kirchhof und Michaelskapelle, Orgel, Gestühl, Glocken und Madonna
- Ortskern mit Adelshöfen, Erkern, Fachwerkhäusern
- Renaissance-Rathaus,
- Burgruine Scharfenstein,
- Weingut Weil
- Virchow-Salzquelle,
- Weinberg der Ehe

FESTE

Rieslingfest am letzten Wochenende im Juni

TIPS

- Aufstieg auf die Burgruine Scharfenstein (Turm-Schlüssel im Rathaus)
- Gelegentliche Konzerte der Kiedricher Chorbuben, jeden Sonntag um 9.30 Uhr Hochamt (Information Tel. 06123/2810)
- Zahlreiche Rundwanderwege, Ausgangspunkt am Marktplatz
- Weinprobenwanderungen im Frühjahr und im Herbst

BESTE WEINBERGSLAGEN

Gräfenberg, Wasseros

INFORMATIONEN

Verkehrsamt im Rathaus,
Tel. 06123/9050-0, Fax 06123/4221
Rheingau-Taunus-Information,
Tel. 0180/2251292
Internet: www.rheingau-taunus.de,
www.kiedrich.de

Ein alter Grenzstein zeigt Schlüssel und Rad.

A old boundary stone depicts key and wheel.

Vieille pierre de démarcation décorée d'une clef et de roues.

Das Renaissance-Rathaus ist beliebter Ort für Trauungen.

The Renaissance town hall is a popular place for weddings.

L'hôtel de ville Renaissance est un endroit apprécié pour les mariages.

Die «Alte Schmiede».

Alte Schmiede (Old Smithy).

La «Vieille forge».

WALLUF

Walluf

DER ÄLTESTE ORT IM RHEINGAU

Als sich die ersten Dampfschiffe zu Beginn des 19. Jahrhunderts mühsam den Rhein stromaufwärts kämpften, wurden sie von den selbstbewußten Kapitänen der Segelschiffe noch mitleidig belächelt und von den Bürgern verspottet. Doch der Siegeszug der lange unterschätzten Dampftechnik ließ sich nicht aufhalten. Die florierenden Werften und die geschäftigen Schiffsausrüster am Wallufer Rheinufer sollten dies schnell zu spüren bekommen. Die Dampfschiffe waren die Vorboten einer neuen Zeit, und sie brachten das Ende der Segelschiffahrt auf dem Rhein und eine Zäsur im Wirtschaftsleben des kleinen Dorfes.

Für Rhein-Main-Bürger auf dem Weg in den Rheingau ist Walluf heute die erste Station. Eine Station, die sie allerdings bewußt ansteuern müssen, denn mit der Eröffnung der 130 Millionen Mark teuren zweispurigen Umgehungsstraße für Eltville wurde 1989 auch diese Gemeinde vom Durchgangsverkehr befreit. Bis zu 30.000 Autos drängten sich täglich durch die enge Hauptstraße, lange Staus waren die Folge. Doch das ist Vergangenheit.

Die kaum 6000 Einwohner zählende Gemeinde Walluf wirbt heute als «Pforte des Rheingaus» um Gäste. Vom Mittelalter bis weit ins 19. Jahrhundert aber war Walluf Endstation: hier endete der rechtsrheinische Leinpfad, ohne den ein Handel auf dem Strom nicht denkbar gewesen wäre.

Bei Lorch oder Rüdesheim wurden die Segelschiffe an die lange Leine genommen und mit Menschen- oder Pferdekraft flußaufwärts gezogen. Diese «Schiffszieher» wurden auch «Treideler» genannt, der Uferweg hieß dementsprechend «Treidelpfad».

Dieser endete in Walluf, weil der Rhein flußaufwärts nach Mainz zu einen großen Bogen in Richtung Süden macht, der «Treidelpfad» vom linksrheinischen Budenheim daher deutlich kürzer war als der Weg von Walluf über Wiesbaden nach Mainz. Die Passagiere und die Waren mußten deshalb in Walluf die Schiffe verlassen und mit Kähnen über den Strom übergesetzt werden. Von diesem einst bedeutenden Fährbetrieb zeugt heute nur noch eine unter Ausflüglern sehr beliebte Fahrradfähre. An die Wallufer Werften erinnert freilich nichts mehr. Geblieben ist der Leinpfad, der vor allem an Sonn- und Feiertagen eine beliebte, wenngleich stellenweise staubige und holprige Ausflugsmeile am Rhein ist.

Von dieser aus ist es zu den beliebten Weinprobierständen der Rheingauer Weinorte nicht weit. Nicht nur in Walluf, sondern auch in Eltville, Erbach, Hattenheim, Oestrich-Winkel und Rüdesheim präsentieren Winzer an den Weinprobierständen im Wochenrhythmus ihre Weine, Brände und Sekte. Es ist die schnellste, einfachste und bequemste Art für Ausflügler, sich einen ersten Eindruck von der Eleganz des Rheingauer Rieslings und dem samtigen Bouquet des Blauen Spätburgunders zu verschaffen.

Das milde Klima läßt selbst Feigen gedeihen.

The mild climate even allows figs to flourish.

Le climat est si tempéré que même les figues se sont acclimatées ici.

Oberwalluf schloß sich 1971 mit Niederwalluf zusammen.

Oberwalluf merged with Niederwalluf in 1971.

En 1971, la commune d'Oberwalluf a fusionné avec celle de Niederwalluf.

1200 Jahre Weinbau

Die Wallufer sind stolz darauf, im nachweislich ältesten Ort des Rheingaus zu wohnen und zugleich in der ältesten Weinbaugemeinde der Region. Diese Erkenntnis verdanken sie den Schenkungen zweier gläubiger Männer an das Kloster Lorsch, von denen alte Urkunden zeugen: Ein gottesfürchtiger Mann mit Namen «Selbracht» hat demnach dem Kloster im Jahre 770 ein Grundstück im Dorf «Waltaffa» überlassen. Der Ortsname steht für «Wald» und «Wasser» und weist auf den von Schlangenbad zum Rhein hinunterfließenden, elf Kilometer langen Wallufbach hin, an dem einst 26 Mühlen standen. Dies ist die erste urkundliche Erwähnung eines Rheingauer Dorfes, und neun Jahre später, im 11. Regierungsjahr Karls des Großen, meinte ein gewisser «Racher» sein Seelenheil nur dadurch retten zu können, daß er dem Kloster Lorsch in Walluf fünf Morgen Land, einen Wald und zwei Weinberge vermachte. Damit war auch der Rheingauer Weinbau erstmals urkundlich nachgewiesen, und 1979 feierten die Wallufer folgerichtig «1200 Jahre Weinbau».

Karl der Große gilt seither als großer Förderer des Rheingauer Weinbaus. Die Legende berichtet, von seiner Ingelheimer Pfalz aus habe er im Frühjahr das frühe Schmelzen des Schnees auf den Bergen über Rüdesheim beobachtet, auf das milde Klima dieser Seite des Rheins geschlossen und sich für die Anlage von Weinbergen entschieden und seither den Weinbau tatkräftig gefördert.

Naturnaher Weinbau heißt Begrünung der Rebzeilen.

Natural wine-growing involves the greening of the vineyards.

Viticulture proche de la nature signifie laisser les mauvaises herbes envahir les allées entre les rangées de ceps.

Von der Johanniskirche blieb nur eine Ruine.

Only ruins remain of the Johanniskirche.

De l'église St. Jean, il ne reste plus que des ruines.

Nicht weit vom Ortseingang Niederwalluf finden sich die kärglichen Reste einer Turmburg, ein alter Brückenkopf am Rhein. Daneben steht die Ruine der im 14. Jahrhundert errichteten Johanniskirche, die im Dreißigjährigen Krieg schwer beschädigt wurde. 1773 ordnete die Kirchenobrigkeit ihren Abriß an, der bis auf die Außenmauern auch ausgeführt wurde.

Seine strategische Lage am Eingang zum Rheingau verlieh Walluf unter Kurmainzer Herrschaft große Bedeutung. Hier begann das «Gebück», und die Rheingauer Ostgrenze wurde mit 18 Bastionen und Bollwerken stark befestigt.

Wenn Angreifer nahten, sollte Walluf dies als erstes Dorf im Rheingau zu spüren bekommen. Schon 1320 erwiesen sich die Befestigungen als zu schwach, sie hielten dem Ansturm der nassauischen Grafen nicht stand: Walluf wurde niedergebrannt, berichtet die Ortschronik. Daraufhin erfolgte im 14. und 15. Jahrhundert ein erheblicher Ausbau der Rheingauer Landwehr.

Um 1496 entstand das mächtigste Bauwerk zum Schutz Wallufs und damit des ganzen Rheingaus, der sogenannte «Backofen». Tatsächlich erschien das Fort 1631 sogar den Schweden uneinnehmbar. Doch durch eine Kriegslist und Verrat gelang es ihnen, die Verteidigungslinie bei Martinsthal zu durchbrechen und den «Backofen» von der Rückseite zu erstürmen. Das Bollwerk blieb zwar zunächst erhalten, verlor aber mit dem «Gebück» allmählich seine Bedeutung und wurde 1808 an einen Nieder-

Walluf hat stellenweise seinen ländlichen Charakter bewahrt.

In parts, Walluf has maintained its rural character.

En certains endroits, Walluf a su préserver son caractère rural.

wallufer Bürger verkauft und abgerissen. Von der einstigen Landwehr ist auf Wallufer Gemarkung seither nur noch wenig zu entdecken.

Die lange eigenständigen Dörfer Niederwalluf und Oberwalluf schlossen sich 1971 im Zuge der Gebietsreform freiwillig zur Gemeinde «Walluf» zusammen. Neben Eltville hat Walluf, das mit einem Logo lachender Weintrauben für sich wirbt, als einzige Rheingauer Gemeinde das Glück, von der Rheinpromenade nicht durch Gleise oder Straßen abgeschnitten zu sein.

Am Rheinufer und in den alten Gassen laden zahlreiche Straußwirtschaften und Gutsschänken dazu ein, den Wallufer Wein zu genießen. Walluf hat sich aber nicht nur als Weinbaugemeinde etabliert, es hat sich in direkter Nachbarschaft zur großen Landeshauptstadt Wiesbaden auch zu einem attraktiven Gewerbe- und Wohnstandort entwickelt, der die Nähe zu den Metropolen Wiesbaden, Mainz und Frankfurt vereint mit den Vorzügen einer gut erreichbaren, malerischen Etappe an der Rheingauer Riesling-Route.

Üppige Kirschbaumblüte.

Sumptuous cherry tree blossoms.

Cerisiers en fleurs.

GEMEINDE WALLUF

65396 Walluf, 5800 Einwohner, bestehend aus Nieder- und Oberwalluf

SEHENSWERT

- Rheinpromenade, Fachwerkbauten,
- Reste der Wallufer Turmburg mit Ruine der Johanniskirche (Ortsausgang Richtung Schierstein)
- Pfarrkirche St. Martin

FESTE

Wallufer Weindorf am Rheinufer, La-Londe-Platz, zweite Augusthälfte

TIPS

Weinprobierstand am Rheinufer
Wallufer hat einen Segelhafen
Fahrradfähre über den Rhein

BESTE WEINBERGSLAGEN

Wallufer Walkenberg, Vitusberg

INFORMATIONEN

Verkehrsamt Walluf, Rathaus,
Mühlstraße 40,
Tel. 06123/792-230, Fax 06123/792-258,
Internet:
www.walluf.de, www.rheingau-taunus.de,
Rheingau-Taunus-Information:
Tel. 0180/2251202

«Zum Treppchen», eines der vielen einladenden Gasthäuser.

«Zum Treppchen» is one of many inviting inns.

«Zum Treppchen» (Le Petit escalier), l'une des nombreuses et accueillantes caves à vins.

Die Kirche in Oberwalluf.

The church in Oberwalluf.

L'église d'Oberwalluf.

Auch Oberwalluf ist vom Weinbau geprägt.

Oberwalluf is also strongly influenced by winegrowing.

Oberwalluf aussi est presque totalement dédiée à la viticulture.

Von den einst 26 Mühlen am Wallufbach sind nur wenige erhalten.

There were once 26 mills on the Wallufbach. Now only a few remain.

Bien peu des 26 moulins qui festonnaient jadis le ruisseau de Walluf existent aujourd'hui encore.

Wiesbaden

DAS «TOR ZUM RHEINGAU»

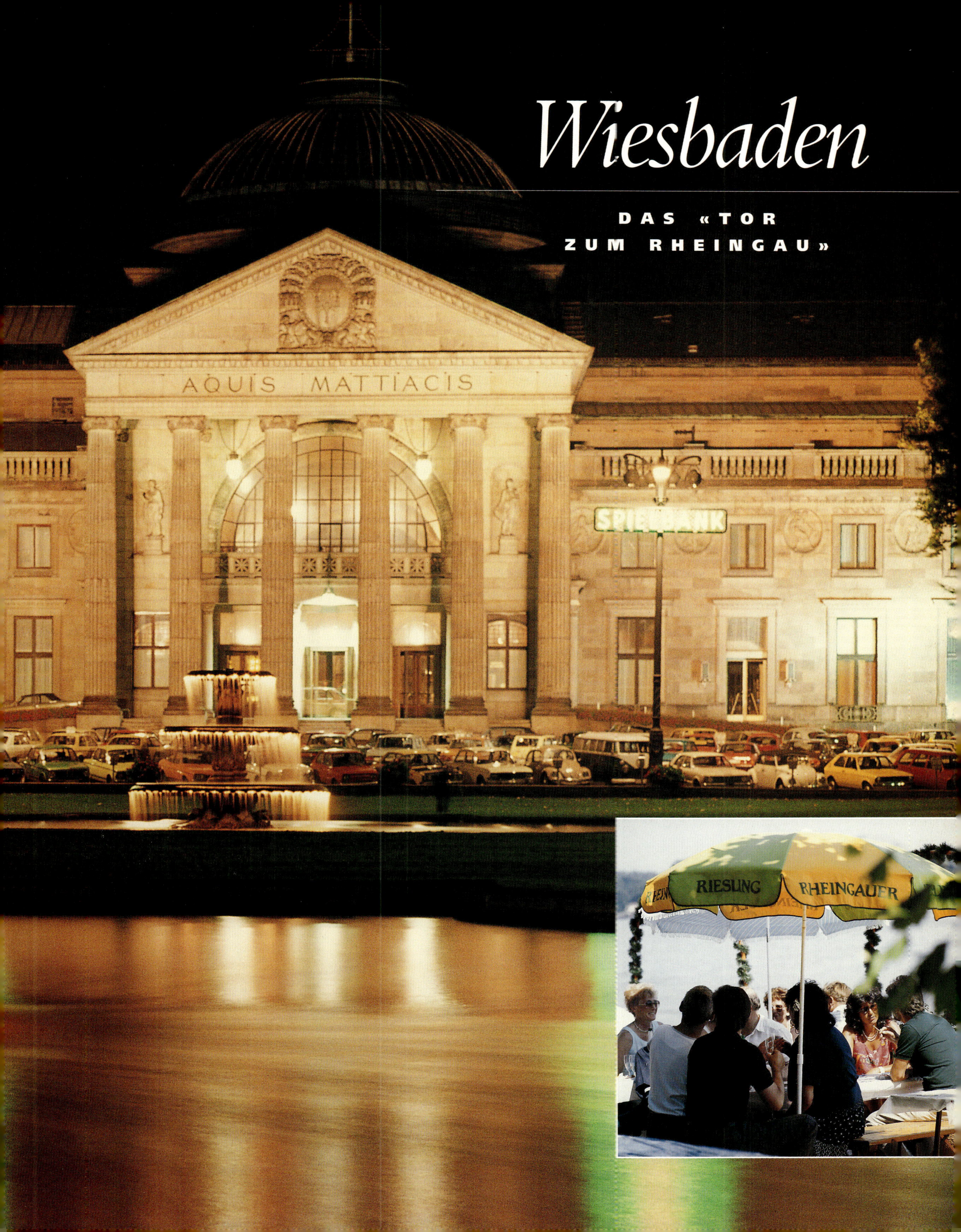

Der Rheingau hat nicht nur eine Grenze. Wo die Geschichte eine Linie zog und das «Gebück» ein Durchkommen verhinderte, ließ sich der Siegeszug des Rheingauer Rieslings noch lange nicht stoppen. Die Weingesetzreform ordnete 1971 auch die Rebzeilen außerhalb des historisch gewachsenen Rheingaus der Weinbauregion zu. Daß der Rheingau seither bis nach Frankfurt reicht, wissen aber nur wenige. Seit dem Jahr 1057 ist der Weinbau in Frankfurt aktenkundig, schon vor 850 wurde im heutigen Stadtteil Seckbach Wein angebaut.

Die Weingärten dehnten sich innerhalb der Stadtgrenzen soweit aus, daß sich der Rat der Stadt im Jahre 1501 gezwungen sah, gesetzlich einzuschreiten. Neue Weinberge durften nicht mehr angelegt werden, obwohl schon mit der ersten Weinbergordnung 1416 die Regel galt, daß kein Bürger mehr als acht Morgen Rebgärten besitzen durfte. Lange vor dem Siegeszug von Bier und «Ebbelwei» war also vergorener Rebensaft der Haustrunk der Frankfurter.

Daran erinnert heute freilich nur noch der Frankfurter Lohrberg: Ein 1,3 Hektar großer Weinberg auf Seckbacher Gemarkung, mit einem jährlichen Ertrag von etwa 7000 Litern Wein. Das ergibt rund 10.000 Flaschen Rheingauer (!) Riesling, der von der Stadt gerne bei feierlichen Anlässen kredenzt wird. Der Lohrberg ist ein kleiner Teil des städtischen Weingutes, in dessen Besitz die Stadt durch die Säkularisation 1803 kam: Mit dem Reichsdeputationshauptschluß fielen die Weinberge der Dominikaner und Karmeliter der Stadt zu. Freude bereitete der Besitz zwar den Weintrinkern, nicht aber den Kämmerern. 1993 belief sich das jährliche Defizit auf 1,8 Millionen Mark, die Stadtväter zogen einen Schlußstrich und verpachteten das Gut für 30 Jahre an einen Hochheimer Winzer.

Auch Hochheim gehört zum Weinbaugebiet Rheingau, und der Hochheimer Wein stand sogar lange Zeit als Synonym für den deutschen Wein insgesamt. Das ist auch das Verdienst der britischen Königin Viktoria, die 1850 auf einer Deutschlandreise auch Hochheim kennen – und seinen Wein schätzen lernte. Sie bestallte einen Hochheimer Winzer zum Hoflieferanten und gestattete ihm, einen Weinberg nach ihr zu benennen. Seither gibt es den «Königin Victoriaberg», und dort steht seit 1857 ein sieben Meter hohes Denkmal in englisch-gotischem Stil, das an die durch den Wein begründete Freundschaft mit den Angelsachsen erinnern soll.

Das einst selbständige und mehr als 1000 Jahre alte Wicker, seit 1972 ein Stadtteil von Flörsheim (Main-Taunus-Kreis), sieht sich selbstbewußt als östlichen Eingang der Weinbauregion Rheingau. Schon für das Jahr 927 ist dort Weinbau belegt, in Flörsheim selbst seit 1184. Von diesem Selbstverständnis am Main kündet ein großer Sandstein-Torbogen vor dem Wickerer Rathaus, das symbolische «Tor zum Rheingau».

Der Neroberg kam vor 100 Jahren in städtischen Besitz.

The Neroberg came into municipal ownership 100 years ago.

Le Neroberg est devenue la pro-priété de la ville il y a un siècle.

Prachtvolles Schauspiel im Frühjahr: Obstbaumblüte bei Frauenstein.

Magnificent spring spectacle: fruit trees in blossom near Frauenstein.

Le spectacle magnifique du printemps : la floraison des arbres fruitiers près de Frauenstein.

Wiesbaden

Rheingauer Wein wächst schließlich auch in Wiesbaden, von herausragender Güte vor allem in den Weinbergen des städtischen Weinguts auf dem Neroberg. Dieser Weinberg war erst im Jahre 1525 auf Anordnung des Grafen Philipp von Nassau angelegt worden. Auch in den heutigen Stadtteilen der hessischen Landeshauptstadt, in Dotzheim, Schierstein, Frauenstein, Mainz-Kostheim und Delkenheim gibt es Weinberge.

In Frauenstein hat überdies eine der sieben noch verbliebenen Rheingauer Winzergenossenschaften ihren Sitz. Wiesbaden rechnet sich daher zu Recht dem Rheingau zu und feiert jedes Jahr im August eine große «Rheingauer Weinwoche», die auf Zehntausende von Weingenießern eine unwiderstehliche Anziehungskraft ausübt.

Die mit 265.000 Einwohnern hinter Frankfurt zweitgrößte Stadt Hessens war über Jahrhunderte hinweg eine unbedeutende Siedlung, ganz im Schatten der mächtigen Bischofsstadt Mainz. Heute hat sich das Bild gewandelt: Der alten Domstadt Mainz, Landeshauptstadt von Rheinland-Pfalz, steht auf der hessischen Rheinseite eine an der Zahl der Einwohner gemessen größere und mindestens ebenso selbstbewußte Landeshauptstadt gegenüber. Vom fast verlassenen und zerstörten Dorf bis zur Weltkurstadt und schließlich zur Hauptstadt war es ein langer und für Generationen von Bürgern schmerzlicher Weg.

Wiesbaden geht auf eine Gründung der Römer im Zuge des Limesbaus zurück, vermutlich um das Jahr 40 nach Christus. Die Römer wußten frühzeitig die heilende Wirkung der 26 verschiedenen, bis zu 67 Grad Celsius heißen Natriumchlorid-Quellen zu schätzen, die bis heute aus der Erde sprudeln. Nach ihrem Abzug im 5. Jahrhundert ließen sich die Franken nieder, errichteten einen Königshof und befestigten die Siedlung.

Zu Beginn des 13. Jahrhunderts kamen die Grafen von Nassau in den Besitz von «Wisibada». Urkunden aus dem Jahre 1242 weisen auf ihre Erhebung zur «Reichsstadt» hin. Wiesbaden wurde damit zum politischen Zankapfel und 1242 durch Truppen des Erzbischofs von Mainz fast völlig zerstört. Zur mühsamen Erholung trugen die Nassauischen Herrscher bei, die Wiesbaden zur Residenzstadt erhoben, und die allmähliche Entwicklung zur Kurstadt. Immer mehr Badehäuser entstanden, und der Andrang der adeligen Erholungssuchenden brachte der Stadt wirtschaftliche Prosperität, bis die Stadt 1547 von kaiserlichen Truppen infolge des Schmalkaldischen Krieges abermals fast völlig zerstört wurde. 14 Jahre später vernichtete ein Großbrand weite Teile der Stadt. Dann kam der Dreißigjährige Krieg, der Wiesbaden wiederum Verwüstungen brachte und den Ort nahezu entvölkerte.

Doch die Stadt erholte sich abermals, sie zog viele Einwanderer an und zu Beginn des 18. Jahrhunderts war die Zahl ihrer Bürger wieder auf mehr als 1000 gestiegen. Die Zulassung des Glückspiels 1771, die Errichtung neuer Badehäuser und die Anlage des Kurparks waren dieser Entwicklung förderlich; für den Aufbau entscheidender war allerdings die Verlegung der Residenz und Verwaltung des nassauischen Staates von Usingen ins neuerbaute Schloß nach Biebrich um 1750. Mit der Gründung des Herzogtums Nassau wurde Wiesbaden schließlich Hauptstadt.

Im Biebricher Schloß empfängt die Landesregierung hohe Gäste.

The state government receives important guests at Biebrich Palace.

Le château de Biebrich sert au gouvernement du Land pour accueillir ses invités de haut rang.

Kurstadt des Deutschen Reiches

Die Bevölkerung wuchs im 19. Jahrhundert rapide, und von 65.000 im Jahre 1890 verdoppelte sie sich auf fast 110.000 im Jahre 1910. Das wilhelminische Wiesbaden besann sich auf seine Stärken als Fremdenverkehrsstadt und wurde schließlich zur dominierenden Kurstadt des Deutschen Reiches. Prachtbauten wie Kurhaus, Museum und Theater entstanden in dieser für die Stadt glücklichen Zeit. Im Jahre 1900 ging der schon 1525 angelegte Weinberg auf dem Neroberg in kommunalen Besitz über.

Erst seit 1945 liegt Wiesbaden am Rhein. Nach dem Ende des Zweiten Weltkrieges machten die Amerikaner den Rhein zur Grenze ihrer Besatzungszone. In Mainz ist seither ein gewisser Oberst Cowart der wohl unbeliebteste Amerikaner, denn er «schenkte» im Zuge dieser Grenzziehung die drei rechtsrheinischen Mainzer Vororte Amöneburg, Kastel und Kostheim am 25. Juli 1945 dem Wiesbadener Oberbürgermeister Georg Krücke. Wiesbaden stieg mit der Bildung des am 19. September 1945 proklamierten Staates Groß-hessen zur Landeshauptstadt auf, und seither haben die beiden Nachbarstädte das sogenannte «AKK-Problem» (nach den Orten Amöneburg, Kastel und Kostheim), denn immer wieder gibt es auf Mainzer Seite und in den drei Orten Bestrebungen, den damaligen Willkürakt rückgängig zu machen. In mehr als fünf Jahrzehnten ist Mainz der Erfüllung dieses Wunsches aber nicht entscheidend nähergekommen.

Die Kolonnaden am Kurhaus der Landeshauptstadt.

Colonnades at the Kurhaus in the state capital.

Les colonnades de l'établissement thermal de la capitale du Land.

Statt dessen wuchsen Wiesbaden im Zuge der hessischen Gebietsreform noch einige weitere Stadtteile zu. Die Landeshauptstadt mit ihren prächtigen Bürgerhäusern, ihren Parks und Kuranlagen, ist heute nicht nur Sitz bedeutender Gerichte, Körperschaften und Behörden wie etwa dem Bundeskriminalamt und dem Statistischen Bundesamt, sondern auch beliebte Einkaufsstadt, begehrter Wohnort und kulturelles und wirtschaftliches Zentrum im Westen des Rhein-Main-Gebiets.

WIESBADEN-HOCHHEIM-WICKER

SEHENSWERT

- Hochheim: Altstadt mit Fachwerkhäusern aus dem 17. Jahrhundert, Königin Victoriaberg mit Monument, Heimat- und Weinmuseum, Pfarrkirche St. Peter und Paul
- Wicker: Ortskern Wicker mit «Tor zum Rheingau», Kirche St. Katharina, Wickerer Weinweg, Flörsheimer Warte
- Wiesbaden: Neroberg, Griechische Kapelle, Kurhaus, Kasino, Stadtschloß, Kochbrunnen, Biebricher Schloß

FESTE

- Hochheimer Weinfest, erstes Wochenende im Juli
- Hochheimer Markt, zweites Wochenende im November
- Wickerer Weinfest, Anfang August
- Rheingauer Weinwoche in Wiesbaden, Anfang August
- Kostheimer Weinfest, Ende August
- Weinfest Frauenstein, Ende Juli
- Dotzheimer Weinfest, Mitte Juni
- Rheingauer Weinmarkt in der Frankfurter Freßgasse, Ende August

BESTE WEINBERGSLAGEN

- Wiesbaden: Neroberg
- Hochheim: Domdechaney, Kirchenstück, Hölle, Königin Victoriaberg
- Wicker: Mönchsgewann, Stein
- Flörsheim: Herrnberg

INFORMATIONEN

Verkehrsbüro der Stadt Wiesbaden, Marktstraße 6,
Tel. 0611/1729-780, Fax 0611/1729-798,
Internet: www.wiesbaden.de
Rheingau-Taunus-Information,
Tel. 0180/2251202,
Internet: www.rheingau-taunus.de
Verkehrsbüro Hochheim, Tel. 06146/900-0,
www.hochheim.de
Verkehrsbüro Flörsheim,
Tel. 06145/955-160,
Internet: main-taunus-kreis.de

Im Stadtschloß tagt heute der Hessische Landtag.

Today, the Hessian State Parliament meets in the Stadtschloss.

La Diète régionale de Hesse siège aujourd'hui au Stadtschloss.

Neben Landtag und Rathaus ragt die Marktkirche empor.

The Marktkirche stands tall between the state parliament building and city hall.

L'Eglise du marché surmonte le bâtiment de la Diète et l'hôtel de ville.

Frisches Bier vom Holzfaß

Hochheim gehört weinrechtlich zum Anbaugebiet Rheingau.

When it comes to winegrowing, Hochheim belongs to the Rheingau region.

Selon la réglementation viticole, Hochheim appartient à l'appellation du Rheingau.

Weine aus Hochheim sind elegant und fruchtig.

Wines from Hochheim are elegant and fruity.

Les vins de Hochheim sont élégants et fruités.

Literaturhinweis

WEINKULTUR

Gesellschaft für Rheingauer Weinkultur (Herausgeber), Geisenheim und Oestrich-Winkel:
«1200 Jahre Straußwirtschaft», Beiträge zur Weinkultur, 1994
«Gastliche Mühlen im Rheingau», Beiträge zur Weinkultur, 1995
«Weinland Rheingau. Erwandern, Erfahren, Einkehren», 1996
«Burgen im Rheingau», Beiträge zur Weinkultur, 1997
«Klöster im Rheingau», Beiträge zur Weinkultur, 1998
Oliver Bock: *Weinführer Rhein-Main*, Societäts-Verlag, Frankfurt 1999

GESCHICHTE

Klaus Peter Dietel: *Als der Edelmann die Jungfrau nahm.* Geschichte und Geschichten zur Gebietsreform im Rheingau, ASSverlag Rüdesheim 1997
Klaus R. Kietz: *Goethes Reisen in den Rheingau*, Geisenheim 1998
Karl Korn: *Die Rheingauer Jahre*, Societäts-Verlag Frankfurt, 2. Auflage 1993
Kreisausschuß des Rheingau-Taunus-Kreises (Hg.): *Heimatjahrbuch*, Bad Schwalbach, Jahrg. 1989 bis 1999
Kreisausschuß des Rheingau-Taunus-Kreises (Hg.): *Rheingau-Taunus im Bild*, Bad Schwalbach 1990 (2. Aufl.)
Deutsches Weininstitut: *Deutscher Weinatlas*, Mainz 1997

LORCH

Robert Struppmann: *Chronik der Stadt Lorch im Rheingau*, Lorch 1981
Robert Struppmann: *Der Lorcher Schnitzaltar*, Maria Kaufmann Stiftung (Hg.), Lorch 1997
Stadt Lorch: *Weinstadt Lorch am Rhein*, Lorch 1998

RÜDESHEIM

Rolf Göttert: *Rüdesheim am Rhein. Alte Bilder erzählen.* Die Reihe Archivbilder, Erfurt 1997
Bretschneider/Breuer: *Rüdesheim am Rhein.* Ein Führer, Rüdesheim 1979

GEISENHEIM

Wolf Heino Struck: *Geschichte der Stadt Geisenheim*, Frankfurt 1972
Sutton Verlag: *Liebenswerte Lindenstadt Geisenheim*, «Die Reihe Archivbilder», Erfurt 1998
Förderkreis Weindorf Johannisberg (Hg): *Der Johannisberg.* Sein Kultur- und Vereinsleben, Geisenheim 1991

OESTRICH-WINKEL

Jörg Roßkopf: *Hallgarten im Wandel der Zeiten*, Oestrich-Winkel 1997
Stadt Oestrich-Winkel: *700 Jahre Mittelheim.* Dokumentation zur Ortsgeschichte, 1992
Stadt Oestrich-Winkel: *Weinstadt Oestrich-Winkel im Rheingau*, Broschüre, 1997
Stadt Oestrich-Winkel: *Der Kran zu Oestrich*, Arbeit im Räderwerk, Oestrich-Winkel, 1992

KLOSTER EBERBACH

Nigel F. Palmer: *Zisterzienser und ihre Bücher*, Verlag Schnell & Steiner, Regensburg, 1998
Hessische Staatsweingüter: *Das Weinkloster Eberbach im Rheingau*, Eltville 1988
Josef Staab: *Die Zisterzienser und der Wein am Beispiel des Klosters Eberbach*, in: Forschung und Forum Kloster Eberbach, 2/1986

KIEDRICH

Gemeinde Kiedrich: *1000 Jahre Kiedrich im Rheingau*, Kiedrich 1979
Josef Staab: *Kiedrich im Rheingau.* Eine kulturhistorische Studie, Kiedrich 1989 (2. Auflage)
Katholisches Pfarramt Kiedrich: *St. Valentinuskirche in Kiedrich 1493 – 1993*, Kiedrich 1993
Förderkreis Kiedricher Geschichts- und Kulturzeugen: *Kiedrich im Rheingau 1244 – 1994.* Zeugen aus 750 Jahren Selbständigkeit, Kiedrich, 1994

ELTVILLE

Patrick Kunkel: *Martinsthal 1363 – 1988.* Ein Dorf in der Geschichte, Walluf 1988
Werner Kratz: *Hattenheim.* Baudenkmale und Geschichte, Rüdesheim 1966
Werner Kratz: *Erbach im Rheingau.* Baudenkmale und Geschichte, Erbach 1954
Burgverein Eltville (Hg.): *Eltville am Rhein.* Bild einer Stadt, Eltville 1980
Magistrat (Hg.): *650 Jahre Stadtrechte Eltville am Rhein.* Geschichte, Kultur, Landschaft, Eltville 1982

WALLUF

Gemeindevorstand Walluf: *Niederwalluf 770 – 1970*, Beiträge zur Ortsgeschichte, Niederwalluf 1970
Heimatarchiv (Hg.): *Beiträge zur Wallufer Ortsgeschichte*, Heft 1, Walluf 1993
Heimatarchiv (Hg.): *Beiträge zur Wallufer Ortsgeschichte*, Heft 2, Walluf 1997
Weinbauverein (Hg.): *1200 Jahre Wallufer Wein 779 – 1979*, Beiträge zur Weinbaugeschichte, Walluf 1979

Rheingau

Bad Schwalbach
Ramschied
Espenschied
Ruine Schwarzenberg
Nieder-gladbach
Fischbach
Bärstadt
Schlangenbad
Ruine Lauksburg
Obergladbach
Hausen v. d. Höhe
Ruine Kammerburg
466
Wispertal
Ruine Waldeck
398
Ranselberg
435
Wisper
Lorchhausen
Lorch
Presberg
Naturpark
Rhein-Taunus
Ruine Mapper Schanze
580
Kalte Herberge
619
Rauenthal
Ruine Scharfenstein
Kiedrich
Valentins Kirche
Kloster Eberbach
Rheingauer-Riesling-Route
538
Stephanshausen
Rheingau
Eichberg
Eltville
Hallgarten
Erbach
Schloß Vollrads
Oestrich-Winkel
Hattenheim
Marienthal
Schloß Hansenberg
Schloß Reinhartshausen
Schloß Reichartshausen
Aulhausen
Johannisberg
Schloß Johannisberg
Mittelheim
Assmanns-hausen
Eibingen
Rhein
60
Jagdschloß
Niederwald Denkmal
R. Ehrenfels
Geisenheim
Mäuseturm
Rüdesheim
Bingen
Ingelheim
Nahe
Gau-Algesheim
61